WAS IST WAS BAND 5
Entdecker und ihre Reisen

WAS IST WAS BAND 6
Die Sterne

WAS IST WAS BAND 7
Das Wetter

WAS IST WAS BAND 8
Das Mikroskop

WAS IST WAS BAND 9
Der Urmensch

WAS IST WAS BAND 15
Dinosaurier

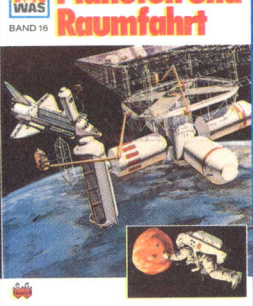

WAS IST WAS BAND 16
Planeten und Raumfahrt

WAS IST WAS BAND 17
Licht und Farbe

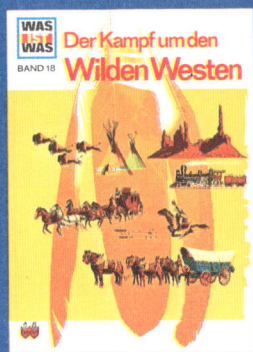

WAS IST WAS BAND 18
Der Kampf um den Wilden Westen

WAS IST WAS BAND 19
Wunderwelt der Bienen und Ameisen

WAS IST WAS BAND 25
Vom Einbaum zum Atomschiff

WAS IST WAS BAND 26
Wilde Blumen

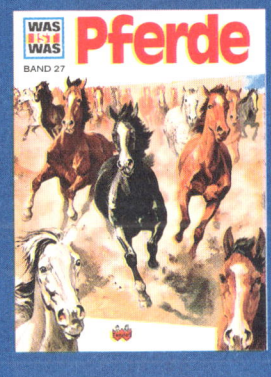

WAS IST WAS BAND 27
Pferde

WAS IST WAS BAND 28
Die Welt des Schalls

WAS IST WAS BAND 29
Berühmte Wissenschaftler

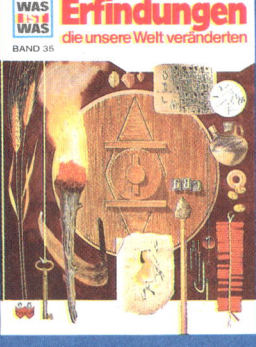

WAS IST WAS BAND 35
Erfindungen die unsere Welt veränderten

WAS IST WAS BAND 36
Polargebiete

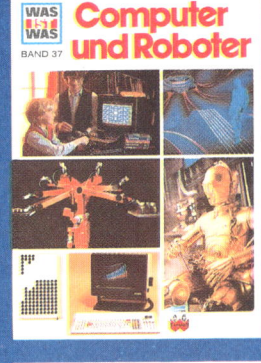

WAS IST WAS BAND 37
Computer und Roboter

WAS IST WAS BAND 38
Prähistorische Säugetiere

WAS IST WAS BAND 39
Magnetismus

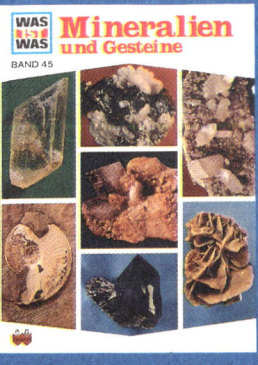

WAS IST WAS BAND 45
Mineralien und Gesteine

WAS IST WAS BAND 46
Mechanik

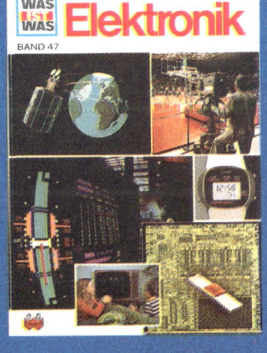

WAS IST WAS BAND 47
Elektronik

WAS IST WAS BAND 48
Luft und Wasser

Weitere Titel siehe letzte Seite.

Ein WAS IST WAS Buch

Elefanten

Von Prof. Dr. Ulrich Sedlag

Illustriert von Reiner Zieger

Afrikanische Elefantenkuh mit Jungtier

Tessloff Verlag

Vorwort

Die Schriftsteller des Altertums stellten eine blühende Phantasie unter Beweis, wenn es galt, fremde Länder mit Menschen und Tieren zu bevölkern. Mit weniger Ernst und ohne Anspruch auf Glaubwürdigkeit setzen heute manche Autoren von Science-fiction unter Einbeziehung ferner Planeten die alten Traditionen fort. Ein bekannter Zoologe hat sogar - durch die Nasobeme des Dichters Christian Morgenstern angeregt - sich und anderen zum Spaß ein ganzes Buch über frei erfundene „Naslinge" geschrieben.

Wären sie uns nicht seit früher Kindheit vertraut, würden wir wohl auch die Riesennaslinge, die Elefanten, in eine derartige Phantasiewelt verweisen. Wohl niemand würde unbesehen als wahr hinnehmen, daß Tiere mit ihren Nasen fressen, Bäume ausreißen und Menschen emporheben können. Die Zusatzinformation, daß sie manchmal Zähne von mehr als Manneshöhe hätten, würde die Glaubwürdigkeit des Berichterstatters wohl endgültig erschüttern.

Wir wissen heute, daß vieles von dem, was in alten und nicht ganz so alten Büchern über Elefanten geschrieben wurde, nicht zutrifft. Sicher haben sie nie mit Drachen gekämpft, sie werden keineswegs Jahrhunderte alt, und es gelingt ihnen auch kaum, Fliegen dadurch zu fangen, daß sie deren Beine in den Runzeln ihrer Haut einklemmen.

Aber Elefanten bleiben als in einzigartiger Weise an ihre Lebensweise angepaßte Tiere und wegen der uralten Beziehungen des Menschen zu ihnen höchst interessante Tiere. Die heute lebenden sind die allerletzten Nachfahren einer einst artenreichen Verwandtschaft. Es wird großer Anstrengungen bedürfen, um ihnen genügend Lebensraum zu erhalten und sie vor Unverstand und Habgier zu schützen. Aus Gedankenlosigkeit macht sich mancher auch fern ihrer Heimat mitschuldig an dem ihnen drohenden Untergang. Deshalb gilt es, noch mehr Menschen an der Einmaligkeit und dem Schicksal der Elefanten zu interessieren.

Bildquellennachweis: Bavaria: S. 48 o; DAS TIER / F. Jantschke: S. 20 u. S. 23 o., S. 24 u., S. 29 u., S. 30 o., S. 38 u.; Bruni Encke: S. 43; IFA Bilderteam: S. 1, S. 17 o.; Reinhard Künkel: S. 19, S. 22 o., S. 24 o., S. 32 u.; Okapia: S. 14 o., S. 37 u.; WWF/Grimm: S. 45; WWF/Harvey: S. 47 u.; WWF/Mallwitz: S. 4 u., S. 16 o., S. 21; WWF/Möller: S. 33 o.; WWF/Veer: S. 5 u.

WAS IST WAS, Band 86

ISBN 3-7886-0628-2

Inhalt

Platybelodon

Deinotherium

Stegodon

Mastodon

Palaeomastodon

Gompotherium

Anancus

Moeritherium

EOZÄN
*(vor 60 Mio
Jahren)*

OLIGOZÄN
*(vor 37 Mio
Jahren)*

JUNGTERTIÄR
*(vor 26 Mio
Jahren)*

QUARTÄR
*(vor 2 Mio
Jahren)*

Von den Verwandten der Elefanten

Mit welchen anderen Tieren sind Elefanten verwandt?

Im zoologischen System stehen die Elefanten heute für sich allein in einer als „Rüsseltiere" bezeichneten Ordnung. Es hat sich längst gezeigt, daß sie nichts mit Nashörnern, Flußpferden, Tapiren oder Schweinen verbindet, die man früher ebenso wie sie als „Dickhäuter" bezeichnete. Das typische Merkmal der Rüsseltiere ist der Rüssel, der der Ordnung den Namen gab.

Sicher gehören Elefanten zur großen Gruppe der Huftiere. Fragt man jedoch einen Zoologen, welches Tier den Elefanten am nächsten verwandt ist, muß er auf Tiere verweisen, die selbst gar keine richtigen Huftiere sind und in ihrem Erscheinungsbild überhaupt nicht an Elefanten erinnern.

Einerseits handelt es sich um die Schliefer und zum anderen um die Sirenen oder Seekühe. Die heute lebenden Schlieferarten sind kleine, bepelzte, etwa murmeltiergroße Tiere. Die Seekühe sind robbenähnliche, pflanzenfressende

Bei den Schliefern spricht vor allem das lebenslange Weiterwachsen der oberen Schneidezähne für eine Verwandschaft mit den Elefanten.

Bei den Seekühen läßt die Art, wie die Backenzähne ersetzt werden, wenn sie abgenutzt sind, auf eine Elefantenverwandschaft schließen.

Archidiskodon

Mammuthus

Asiatischer Elefant   Afrikanischer Elefant

Von den Rüsseltieren, die einst weltweit verbreitet waren, leben heute nur noch zwei Arten: die Elefanten in Afrika und in Südasien. Die ältesten Vertreter waren sehr klein und ihnen fehlten noch die charakteristischen Stoßzähne.

Rüsseltiere waren früher in vielen Arten

Was wissen wir von den Vorfahren der Elefanten?

über die ganze Erde verbreitet, aber all diese Formen starben schon frühzeitig aus. Zahlreiche Knochenfunde belegen die einst große Bedeutung und Verbreitung der Rüsseltiere. Die ältesten Verwandten der Elefanten fand man im heutigen Ägypten. Sie lebten vor etwa 25 bis 37 Millionen Jahren. Es waren noch recht kleine Tiere mit einem kurzen Rüssel, der in etwa dem des heute lebenden Tapirs ähnelte. Rüssel enthalten keine Knochen und hinterlassen bei der Versteinerung des Skeletts deshalb keine Spuren. Jedoch führt der Besitz eines Rüssels zu starken Veränderungen des Schädels. Je größer er ist, desto mehr Platz wird für den Ansatz seiner Muskeln benötigt, und desto kürzer ist der Unterkiefer. So kann man aus den Fossilfunden indirekt ablesen, daß im Laufe der Entwicklung der Rüsseltiere der Rüssel immer stärker ausgebildet wurde. Aber nicht nur die Rüssel wurden länger. Die anfangs ziemlich kleinen Rüsseltiere entwickelten im Laufe der Jahrmillionen immer größere Vertreter.

Insgesamt war die Ordnung der Rüsseltiere so erfolgreich, daß sie von ihrer afrikanischen Urheimat aus zunächst ganz Europa und Asien, später über eine wiederholt aus dem Meer auftauchende Landbrücke (die sog. „Beringbrücke") hinweg Nordamerika und schließlich in der Eiszeit auch Südamerika besiedeln konnten. Sie lebten also auf allen Kontinenten bis auf Antarktika und Australien.

Wasserbewohner. Beide Ordnungen zeigen in Skelett und Gebiß gewisse Ähnlichkeiten mit den Elefanten, die eine nahe Verwandtschaft zwischen diesen äußerlich so unterschiedlichen Tieren nahelegen.

Wie anpassungsfähig sie waren, zeigt das Beispiel des Kältesteppenmammuts. Diese zottig bepelzten elefantenähnlichen Tiere mit ihren langen, gebogenen Stoßzähnen lebten in der Eiszeit in den Steppengebieten Nordamerikas, Asiens und Europas, also auch im heutigen Deutschland. Ihr Lebensraum war klimatisch unwirtlich. Im Dauerfrostboden Sibiriens findet man immer wieder Mammuts, die gleich nach ihrem Tode gefroren sind und bis heute nicht auftauten. Obwohl seitdem mindestens 8000 Jahre vergangen sind, fressen Wölfe und Hunde noch davon, und auch wißbegierige Menschen haben unbeschadet Mammutfleisch gekostet. Gegen Ende der letzten Eiszeit waren alle Arten der Rüsseltiere bis auf die Elefanten ausgestorben.

Trotz seiner Größe fiel das Kältesteppenmammut steinzeitlichen Jägern zum Opfer. Gegen Ende der letzten Eiszeit waren alle Rüsseltiere bis auf die Elefanten ausgestorben.

Da alle anderen Rüsseltiere ausgestorben sind, ist es ein großes Glück, daß die Elefanten überlebten. Warum alle anderen Arten von der Erde verschwunden sind, wissen wir nicht.

Warum sind so viele Rüsseltiere ausgestorben?

Gerade über das Aussterben des Mammuts gibt es viele Theorien, darunter auch die Annahme einer großen Naturkatastrophe. Da die Mammuts am Ende der letzten großen Eiszeit verschwanden, kann man z.B. vermuten, daß weite Teile ihres Lebensraumes vom Schmelzwasser der riesigen Gletscher überflutet wurden. Viele Tiere könnten in Sümpfen und Morästen umgekommen sein, in die sie im Winter bei gefrorenem Boden hineingelaufen waren.

Es ist auch denkbar, daß es zur Zeit des Aussterbens der Mammuts plötzlich mehr Schnee gab oder dieser stärker verharschte, so daß die Tiere kein Futter mehr finden konnten. Vielleicht trifft auch die Theorie zu, daß der Mensch durch eine verbesserte Jagdtechnik und durch seine starke zahlenmäßige Zunahme für den Rückgang der Mammuts verantwortlich wurde. Wie so oft beim Aussterben einer Tierart dürfte es ein Zusammentreffen von verschiedenen, das Leben der Tiere erschwerenden Umständen gegeben haben.

Die heutigen Elefanten und ihre Verbreitung

Oft spricht man einfach von *dem* Elefanten. Das ist nicht richtig. Man unterscheidet zwei Arten: den Afrikanischen und den Asiatischen (oder Indischen) Elefanten. Beide unterscheiden sich in einer ganzen Reihe von

Wie viele Elefantenarten gibt es gegenwärtig?

Merkmalen so stark voneinander, daß man sie sogar verschiedenen Gattungen zuordnet. Der Afrikanische Elefant heißt wissenschaftlich *Loxodonta africana*, der Asiatische *Elephas maximus*. Einige Zoologen wären mit der Antwort, es gäbe heute nur noch 2 Elefantenarten, nicht zufrieden. Gelegentlich tauchen in Afrika sehr kleine Tiere, soge-

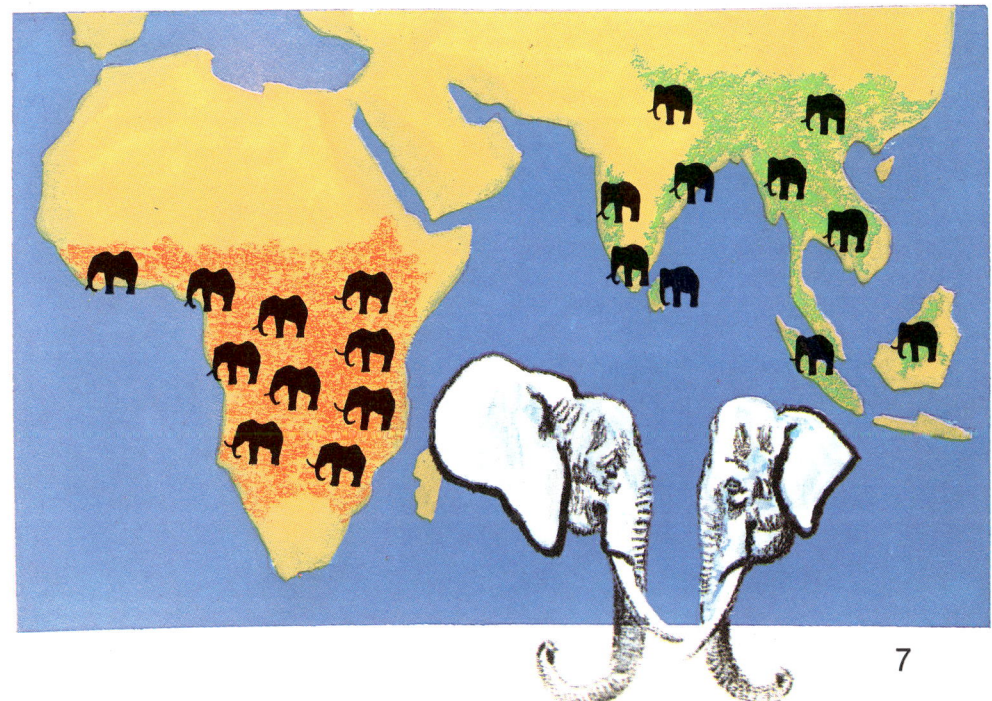

Die Karte zeigt die Gebiete in Afrika und Südasien, in denen Elefanten noch vor einigen Jahrzehnten zahlreich vertreten waren.

nannte Zwergelefanten auf, die zu einer dritten Art gehören könnten. Während einerseits angenommen wird, daß es sich nur um einzelne, besonders klein geratene Tiere handelt, wurde andererseits die Behauptung aufgestellt, in einem entlegenen Gebiet Westafrikas gäbe es durchweg sehr kleine Elefanten, die sich mit anderen weder zu Herden zusammenschließen noch paaren würden. Sie wurden daher unter dem Namen *Loxodonta pumilio* beschrieben.

Abgesehen von der Frage, ob es Zwergelefanten überhaupt gibt, lassen sich beim Afrikanischen Elefanten zwei Unterarten klar unterscheiden: der Großohr– oder Savannenelefant und der kleinere Rundohr– oder Waldelefant. Beim Savannenelefanten laufen die Ohren nach unten hin spitz zu, beim Waldelefanten sind sie unten rund. Ein weiteres gutes Unterscheidungsmerkmal sind die Stoßzähne: Die des Waldelefanten sind dünner und gerade zur Erde gerich-

tet, die des Steppenelefanten zeigen nach schräg vorn und biegen sich nach oben.

Vom Asiatischen Elefanten sind vier Unterarten bekannt. Er ist ein reines Waldtier.

In historischer Zeit kamen Elefanten in Afrika noch vom Kap der Guten Hoffnung bis zur Küste des Mittelmeeres vor. Von West nach Ost erstreckte sich ihr riesiges Verbreitungsgebiet vom Atlantik bis nach China. In Asien schloß es auch die Inseln Sri Lanka (Ceylon), Sumatra und Java ein. Ob es auch auf Borneo immer Elefanten gab oder ob sie dort vor Jahrhunderten vom Menschen eingeführt wurden, ist

> **In welchen Ländern kann man Elefanten in freier Wildbahn begegnen?**

ASIATISCHER ELEFANT

Buckelrücken

Haut glatter

Kleine Ohren

Stoßzähne nur beim Bullen

Rüssel nur ein Greiffinger

8

nicht klar. Die Elefanten Javas starben bereits im Altertum aus.

Die Verbreitungsgebiete der Afrikanischen und Asiatischen Elefanten berührten sich etwa im Raum des heutigen Suezkanals. Vor etwa 3000 Jahren konnten die Könige Assyriens und die ägyptischen Pharaonen noch in Mesopotamien (im Gebiet des heutigen Irak) Elefanten jagen. Dort sind sie längst ausgestorben.

Heute ist der ursprüngliche Lebensraum der Elefanten praktisch vollständig besiedelt oder landwirtschaftlich genutzt. Wälder wurden gerodet und Wüsten dehnten sich aus. Für das größte lebende Landsäugetier ist wenig Platz geblieben. Heute findet man beide Elefantenarten nur noch in relativ kleinen voneinander isolierten Schutzgebieten in Afrika und Asien.

AFRIKANISCHER ELEFANT

Wie unterscheiden sich Afrikanischer und Asiatischer Elefant?

Wenn man die beiden Arten im Zoo nebeneinander sieht, kann man sie recht leicht auseinanderhalten.

Das sehr große Ohr des Afrikanischen Elefanten ähnelt im Umriß Afrika, das des Asiatischen Indien. Der Asiatische Elefant ist kleiner als der Afrikanische, sein Rücken ist nach oben gebogen. Die Rüsselspitze des „Afrikaners" hat zwei Rüsselfinger, die des „Inders" nur einen. Und schließlich tragen beim Afrikanischen Elefanten Männchen und Weibchen wohlausgebildete Stoßzähne, beim Asiatischen sind die Stoßzähne der Weibchen so klein, daß sie äußerlich meist nicht sichtbar sind. Um einen der in Zoos sehr selten gewordenen Waldelefanten zu erkennen, muß man schon sehr genau hinsehen. Ein gutes Unterscheidungsmerkmal sind die dünnen, geraden Stoßzähne.

Sehr große Ohren

Sattelrücken

Haut stark runzlig

Stoßzähne bei Bulle und Kuh

Rüssel mit zwei Greiffingern

Elefanten näher betrachtet

Der Afrikanische Elefant ist das mächtigste heute lebende Landtier. Bullen werden bis etwa 4 Meter hoch. Asiatische Elefanten messen selten mehr als 3 m. Mit bis zu 7000 kg Gewicht ist ein Elefantenbulle etwa zweimal so schwer wie ein Flußpferd oder dreimal so schwer wie ein Nashorn. Elefantenkühe sind deutlich leichter und kleiner.

Natürlich ist es schwer, einen in freier

Wie groß sind Elefanten?

Die Stoßzähne der Elefanten sind riesige, umgewandelte Schneidezähne des Oberkiefers. Sie sind ein nützliches Werkzeug, aber ganz offensichtlich nicht lebensnotwendig. Wie könnten sonst die Kühe, die oftmals Jungtiere zu verteidigen haben, so schlecht damit ausgestattet sein? Und auch völlig stoßzahnlose Elefanten sind voll lebensfähig.

Ohne Zweifel praktisch sind die Stoß-

Sind die Stoßzähne nur eine Verzierung?

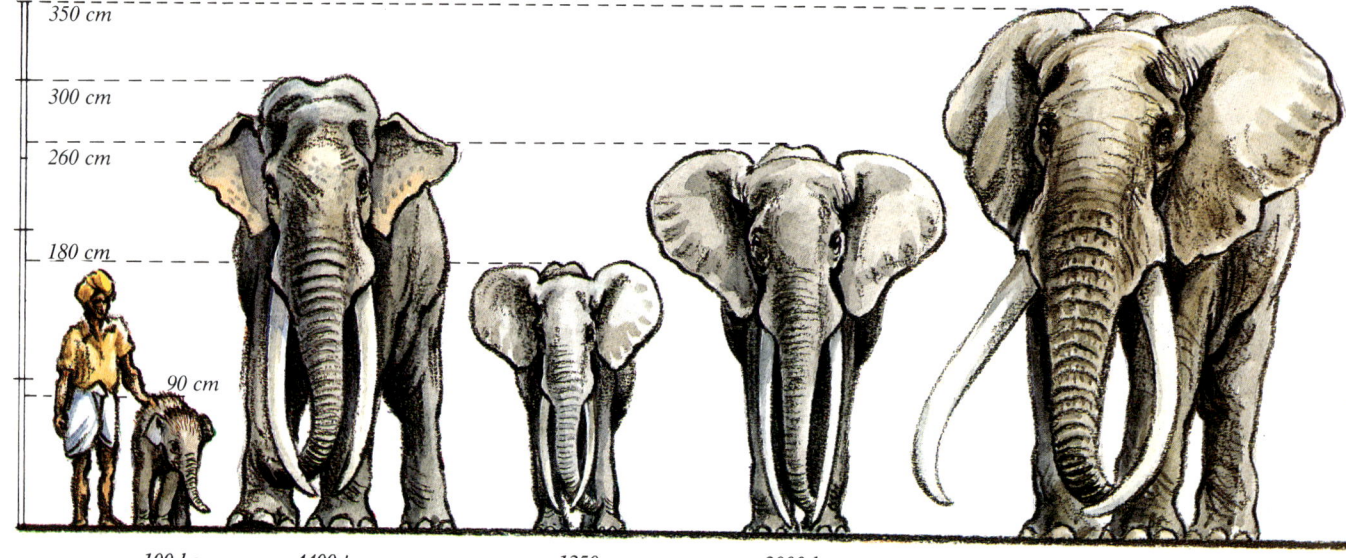

Masse:	100 kg Neugeborener Elefant	4400 kg Asiatischer Elefant	1350 Afrikanischer Zwergelefant	3000 kg Afrikanischer Waldelefant	4750 kg Afrikanischer Savannenelefant

Wildbahn lebenden Elefanten zu messen und zu wiegen. Daher stammen viele Daten von Zoo– und Zirkuselefanten, die aufgrund ihrer ruhigeren Lebensweise möglicherweise schwerer sind als freilebende Tiere.

Zwergelefanten, die ohne Zweifel eine eigene Art waren, gab es während der Eiszeit auf verschiedenen Inseln, vor allem im Mittelmeer. Manche dieser Tiere erreichten voll ausgewachsen gerade die Größe eines heutigen neugeborenen Elefanten, also knapp einen Meter!

zähne aber als Brechstange oder Hebelwerkzeug. Sie werden oft benutzt, um Rinde von Bäumen abzuschälen oder weiches Holz zu zerlegen. Mit ihrem Rüssel und den Stoßzähnen graben Elefanten in der Trockenzeit auf der Suche nach Wasser tiefe Löcher. Nachdem sie ihren Durst gelöscht haben, nutzen auch andere Tiere diese Wasserstellen und werden so oft vor dem Verdursten gerettet. Bei den Bullen können die Stoßzähne auch als eine Art „Statussymbol" angesehen werden. Zur Verteidigung gegen Feinde und bei Kämpfen untereinander werden sie selten benutzt.

Zur Verankerung der Stoßzähne und um der mächtig entwickelten Rüsselmuskulatur genügend Ansatzfläche zu geben, muß der Schädel eines Elefanten sehr groß sein. Zusammen mit dem oft erheblichen Gewicht der Stoßzähne wäre er für einen Elefanten kaum noch zu tra-

zähne von 2,70 m Länge und zusammen 145,5 kg bekannt.

Eine besonders beeindruckende Nutzung der Stoßzähne zeigen die Elefanten am Vulkan Mount Elgon, der auf der Grenze zwischen Kenia und Uganda liegt. Elefanten steigen in diesem Gebiet auf der Suche nach salzhaltiger Erde, die sie zum Leben benötigen, hoch ins Gebirge. Vermutlich Hunderte von Elefantengenerationen haben eine über 160 m tiefe Höhle gegraben, die auch heute noch regelmäßig von Elefanten besucht wird. Hier brechen sie mit ihren Stoßzähnen Gestein los und zermalmen es zwischen ihren schuhschachtelgroßen Backenzähnen. Natürlich werden die Stoßzähne dadurch sehr abgenutzt. Sie wachsen aber nach, solange der Elefant lebt.

Mammut
(ausgestorben)

Zwergelefant von Malta
(ausgestorben)

gen, wenn die Knochen des Schädels nicht mit Hohlräumen durchsetzt wären. Diese „Leichtbauweise" hat der Mensch den Tieren abgeschaut und setzt sie in der Technik ein.

Der Größenrekord für Stoßzähne wird von einem Afrikanischen Elefantenbullen mit 4,10 m Länge und einem Gewicht von 200 kg für beide Stoßzähne zusammen gehalten. Es soll aber auch schon einmal einen einzelnen Zahn mit 117 kg Gewicht gegeben haben. Für den Asiatischen Elefanten sind Stoß-

Das um die Jahrhundertwende gemachte Foto zeigt „die schwersten Elefantenzähne, die überhaupt bekannt gewesen sind." Sie wogen über 200 kg.

Der Rüssel ist keine extrem vergrößerte

Wie ist der Rüssel entstanden?

Nase, wie man auf den ersten Blick glauben könnte, sondern er wurde im Laufe der Stammesge-
schichte der Rüsseltiere aus Oberlippe und Nase gebildet.

Hauptsächlich besteht der Rüssel aus Muskeln. Der berühmte französische Zoologe Georges Cuvier (1769–1832) zählte darin rund 40000 teils längs, teils quer verlaufende Muskelbündel. Sie verleihen dem Rüssel eine Beweglich-keit in alle Richtungen, sie können ihn strecken und zusammenziehen. Welche Kraft ein solcher Muskelschlauch entfal-ten kann, stellen die Riesenschlangen unter Beweis, die durch Umschlingen selbst die Knochen ihrer Beutetiere zerbrechen können.

Um zu trinken, saugt sich der Elefant den Rüssel voll Wasser und spritzt es sich ins Maul.

Mit einem Stöckchen, das er in der beweglichen Rüsselspitze hält, kann sich ein Elefant selbst an empfindlichen Stellen wie dem Auge kratzen.

Die Rüsselspitze des Afrikanischen Elefanten hat zwei „Finger", der Asiatische greift mit einem genauso gut.

Welche Funktionen erfüllt der Rüssel?

Ein Elefantenrüssel kann gefährlich sein. Er wird aber nicht zum Um-schlingen, son-dern als wuchtige Schlagwaffe be-nutzt. Die Verwen-dung als eine Art „Gummiknüppel" ist jedoch eine Ausnahme. Normalerweise dient der Rüssel friedlichen Zwecken.

Die Nasenherkunft des Rüssels kann man heute noch gut erkennen: Elefan-

ten benutzen ihn zum Riechen und At-men. Besonders praktisch ist, daß der Rüssel beim Durchqueren von Seen und Flüssen als Schnorchel verwendet wer-den kann.

Die Oberlippe, die ja auch beim Men-schen sehr empfindlich ist, verleiht dem Rüssel ein sehr gutes Tastvermögen. Si-cher unterscheiden Elefanten im Zoo zu-geworfene kleine Münzen von Brot. Mit kleinen fingerähnlichen Fortsätzen an der Rüsselspitze können die Tiere auch winzige Gegenstände erfassen und auf-heben. Sogar zugeworfene Spaghetti sammelt ein Zooelefant sicher auf.

Weil der Hals so kurz ist, kann sich ein Elefant schlecht zum Boden bücken, um

Eine Herde witternder Elefanten im Steppengras.

mit dem Mund Nahrung oder Wasser aufzunehmen. Auch hier leistet der Rüssel gute Dienste. Grasbüschel werden umfaßt, ausgerupft und zum Mund geführt, wobei zuvor sorgfältig die Erde an den Vorderbeinen abgeklopft wird. Mit ihrem langen Rüssel können Elefanten in einer sonst nur Giraffen zugänglichen Höhe Blätter, Zweige und Früchte äsen und die Äste so kraftvoll schütteln, daß keine reife Frucht an ihnen hängen bleibt.

Ferner ist der Rüssel eine Saugpumpe, mit der Wasser aufgesaugt wird und in den Mund oder zur Kühlung über den Körper gespritzt wird. Trinken kann der Elefant durch seinen Rüssel nicht, genausowenig wie wir mit unserer Nase. Er würde Wasser in die Luftröhre bekommen und sich fürchterlich verschlucken. Er saugt das Wasser lediglich hoch und spritzt es sich in den Mund. Eine Rüsselfüllung umfaßt etwa 10 Liter.

Erstaunlich ist, daß Elefanten mit dem Rüssel auch Sand und Staub aufsaugen, um damit ihre empfindliche, haarlose Haut einzupudern. Schließlich kann der Rüssel auch als Trompete oder Flöte benutzt werden.

Der Rüssel leistet auch beim Baden mit Staub und Wasser gute Dienste.

Mit dem zuvor eingerollten Rüssel kann der Elefant wuchtige Schläge austeilen.

Infolge nur geringer Verhornung sind die stark beanspruchten Fußsohlen der Elefanten viel empfindlicher als die Hufe der Huftiere. Im Zoo muß daher sehr auf ihre Pflege geachtet werden.

Haben Elefanten nicht ungewöhnliche Füße?

Das enorme Gewicht eines Elefanten kann nur von säulenartigen Beinen getragen werden, in denen es keine Knicke gibt, die die Knochen auf Biegung beanspruchen würden. So wirken Elefantenfüße auf uns tatsächlich etwas merkwürdig. Sie sind z.B. viel we-

niger deutlich vom Bein abgesetzt als bei vielen anderen Tieren. Von den Zehen sieht man nur die breiten Nägel. Die eigentlichen Zehen sind ganz in den Fuß einbezogen. Ihre Zahl schwankt innerhalb der Arten ein wenig.

Sieht man sich in einem Museum das Skelett eines Elefantenfußes an, so erkennt man, daß der Elefant eigentlich wie eine Dame auf hohen Absätzen

Das Beinskelett eines stehenden Elefanten und eines Elefanen, der hinten kniet und sich vorn auf den Ellbogen stützt.

geht: Die Knochen des Fußes sind steil aufgerichtet, deshalb bezeichnet man Elefanten auch als Zehenspitzen– oder Sohlenspitzengänger. An einem lebenden Elefanten kann man das nicht erkennen. Dicke Polster aus Bindegewebe lassen den Fuß rund und massiv erscheinen.

Trotz ihres enormen Gewichts können sich Elefanten mit diesen dicken Sohlenpolstern praktisch lautlos bewegen. Diese sind so beweglich und dehnbar, daß sie sich Geländeunebenheiten wie Kreppsohlen anpassen. Elefantenfüße sind sehr empfindlich, daher muß bei in Gefangenschaft gehaltenen Elefanten auf eine sorgfältige Fußpflege geachtet werden.

Trotz ihrer scheinbaren Plumpheit setzen Elefanten ihre Füße sehr geschickt ein. So benutzen sie sie, um Erde zu lockern und zusammenzuschieben und zum Festhalten und Zertreten von Zweigen, die sie zerkleinern wollen. Achtsam und vorsichtig steigen dressierte Elefanten über ihren am Boden liegenden Wärter hinweg oder balancieren auf Holzblöcken.

Elefanten können sehr leise und weich auftreten, weil in ihrem Fuß ein Polster (blau) eingebaut ist und weil sie wie Paarhufer auf Zehenspitzen gehen.

Bei den meisten Säugetieren ist ein Sinnesorgan merklich leistungsfähiger als die anderen.

Warum haben Elefanten so große Ohren und so kleine Augen?

Bei den Elefanten scheint der Geruchssinn besonders gut entwickelt zu sein. Sie beschnüffeln alles, in unbekanntem Gelände sogar den vor ihnen liegenden Boden. In hohem Gras nehmen sie mit erhobenem Rüssel zweifellos besser die Herkunft eines herangewehten Duftes auf, als Tiere, die ihre Nase nicht über das Gras erheben können. Elefanten riechen Artgenossen in einer Entfernung von bis zu 5 km. Sie erkennen sich sogar ohne sich zu sehen, nur an dem für jeden Elefanten typischen Eigengeruch. Elefanten können auch sehr gut hören. Sie verständigen sich mit einer Vielzahl von Lauten, von denen einige für Menschen nicht wahrnehmbar sind, andere erinnern uns an tiefe Orgelpfeifen.

Die Größe der Ohrmuscheln hat allerdings wenig mit dem guten Gehör zu tun. Sie haben eine andere Aufgabe: Elefanten können nicht schwitzen, sie haben also stets das Problem, daß sich ihr Körper überhitzt. Schon eine geringe Erhöhung der Körpertemperatur kann wie Fieber beim Menschen tödliche Folgen haben. Zudem haben Elefanten im

Die Standfläche eines ausgewachsenen Elefanten nimmt fast einen Quadratmeter ein. Darum drückt sich eine Elefantenspur nur wenig ein.

Verhältnis zu ihrer großen Körpermasse nur eine recht kleine Oberfläche, über die Wärme abgegeben werden kann. Man kann sich das gut veranschaulichen, indem man sich statt des Elefanten einen großen Teller mit heißer Suppe vorstellt. Dieser hat nur eine recht kleine Oberfläche, über die Wärme abgegeben wird. So dauert es lange, bis die Suppe im Teller kalt wird. Nimmt man dagegen einen Löffel von dieser heißen Suppe und pustet, so kühlt die Flüssigkeit (die jetzt eine im Verhältnis zur Menge größere Oberfläche hat), schnell ab. In ähnlicher Weise vergrößert der Elefant durch seine großen Ohren seine Oberfläche erheblich (pro Ohr bis zu 3 qm) und hat so eine größere Körperoberfläche zur Abgabe von Wärme zur Verfügung. Das erhitzte Blut wird durch feine Adern überall in der Ohrmuschel verteilt und dort abgekühlt. Dieser Kühlungseffekt wird durch dauerndes rhythmisches Wedeln mit den Ohrmuscheln, was wie ein Fächer wirkt, unterstützt. So ist es leicht verständlich, daß der Savannenelefant, der in seinem Le-

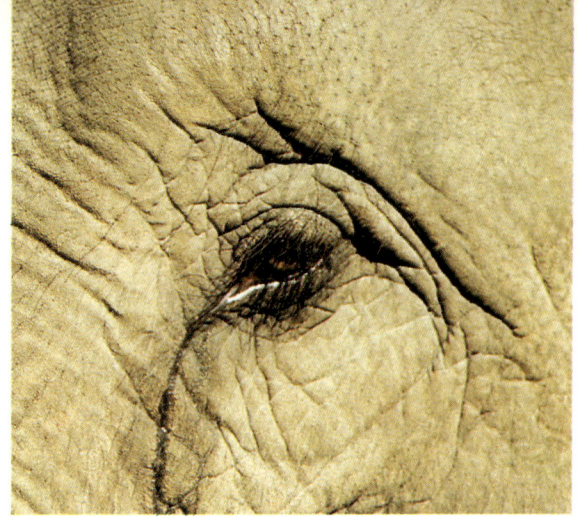

In dem gewaltigen Elefantenkopf wirkt das Auge (Durchmesser etwa 40 mm) ziemlich klein.

bensraum wenig Schatten findet, die größeren Ohren hat, waldbewohnende Elefanten kleinere.

Die Augen sind zwar nicht so winzig, wie es in Anbetracht des riesigen Kopfes und Körpers scheint, aber immerhin kleiner als die der Pferde. Elefanten sehen mittelmäßig gut, etwa so genau wie ein Pferd. Sie vermögen in der Dressur geometrische Formen gut zu unterscheiden, ihr Farbunterscheidungsvermögen dagegen ist offensichtlich nicht besonders gut.

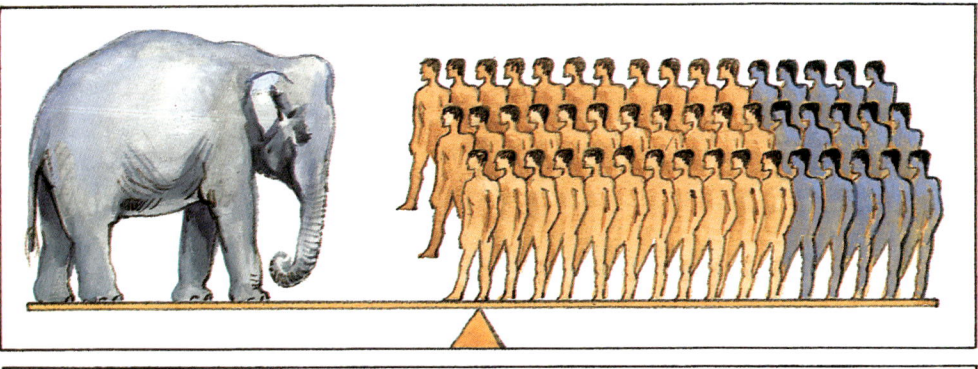

Ein genau vermessener Asiatischer Elefant wog soviel wie 48 Männer, während seine Oberfläche nur der von 12 Personen entsprach. Ein Afrikanischer Elefant könnte z. B. auch sechs Giraffen oder vier Nashörner aufwiegen.

Elefanten an einer Wasserstelle im ostafrikanischen Tsavo-Nationalpark.

Nach einem gängigen Sprichwort sollte man das Denken den Pferden überlassen, denn sie hätten die größeren Köpfe. Was müßten erst die

Sind Elefanten sehr klug?

Elefanten in dieser Hinsicht zuwege bringen, ginge es einfach nach der Kopfgröße! Und wirklich gilt das Gedächtnis eines Elefanten als phantastisch. („Er hat ein Gedächtnis wie ein Elefant!"). Hat man jedoch im Museum einmal die Gelegenheit, einen aufgesägten Elefantenschädel zu sehen, so stellt man fest, daß das Gehirn im Verhältnis zur Schädelgröße recht klein wirkt. Dennoch ist es mit 5,5 kg Gewicht das größte und schwerste Hirn aller heutigen Landtiere.

Die enorme Schädelgröße ist leicht zu erklären, wenn man sich einmal überlegt, welche Anforderungen der Schädel erfüllen muß. Da benötigen die zahlreichen und kräftigen Muskeln des Rüssels und der Ohren Ansatzflächen. An der Rückseite des Kopfes gilt das gleiche für das bis 8 cm starke Nackenband, das den Kopf hält und die Muskeln, die ihn bewegen. Die schweren Zähne brauchen Halt. Um all dies sicherzustellen, muß der Elefantenschädel schon sehr groß sein.

Obwohl im Verhältnis zum Schädel klein, ist ein Elefantengehirn erheblich größer als unseres. Ginge es nach der absoluten Größe des Gehirns, wären Elefanten also klüger als wir. Das ist aber nicht der Fall. Ein Teil des Gehirns wird stets benötigt, um Meldungen aus dem Körper zu empfangen, den Muskeln Befehle zu erteilen und die Funktion der inneren Organe zu steuern. Dafür brauchen große Tiere mehr Hirnmasse als kleine. Setzt man das Gehirn in Beziehung zur Körpermasse, so ist das der Elefanten zehnmal kleiner als das unsere. Wer ein größeres Gehirn hat, ist also nicht automatisch klüger als ein Lebewesen mit kleinerem Gehirn. Man muß die Gehirngröße immer im Verhältnis zur Körpergröße sehen.

Intelligenz läßt sich schon beim Menschen schlecht messen. Viel schwieriger ist naturgemäß ein Vergleich zwischen Hirnleistungen von Tieren mit unterschiedlicher Lebensweise. Spitzenleistungen, z.B. in der gegenseitigen Verständigung, die für im Rudel jagende Tiere wichtig sind, brauchen Elefanten nicht zu vollbringen. Ihr Futter läuft nicht weg und braucht nicht überlistet zu werden. Für sie ist dagegen ein gutes Gedächtnis wichtig, vor allem dort, wo sie weit umherstreifen. Sie müssen wissen, wo es zu welchen Jahreszeiten die besten Äsungsmöglichkeiten gibt, und wo die nächste Wasserstelle ist. Sie müssen sich z.B. auch alle Anzeichen für die Stellen merken, an denen es sich lohnt, nach Wasser zu graben.

Elefanten in Gefangenschaft bewiesen mehrfach, daß sie ihnen vertraute Personen nach langjähriger Trennung wiedererkennen, daß ihr Gedächtnis also wirklich sehr gut ist. In Experimenten stellten Elefanten hervorragende Gedächtnisleistungen unter Beweis. So unterschied eine Elefantenkuh 20 Figurenpaare, von denen jeweils die Wahl eines richtigen Gegenstücks (ähnlich wie bei dem bekannten Spiel „Memory") durch einen Leckerbissen belohnt wurde. Auch nach monatelanger Versuchspause wurden immer noch überwiegend richtige Entscheidungen getroffen. Ratten lassen sich höchstens auf 8, Schweine auf 13 solcher Musterpaare dressieren.

Man weiß auch, daß Elefanten Melodien erkennen wie sonst nur Menschen und das absolute Tongedächtnis besitzen, der Traum eines jeden Musikers.

Dies gute Gedächtnis führt zu einer „Weisheit des Alters". Während ihrer langen Kindheit und eigentlich während ihres langen Lebens lernen Elefanten aus Erfahrungen und Dingen, die sie bei anderen sehen. Sie sind damit anderen Tieren, deren Leben von Instinkten gesteuert wird, überlegen. Lebewesen, die viel lernen und nicht rein instinktmäßig nach einem vorgegebenen Schema reagieren, sind viel anpassungsfähiger. Ihre Erfahrungen und Beobachtungen führen zu Schlußfolgerungen und zielgerichteten Handlungen. So führen alte, erfahrene Elefanten die Herden auf ihren langen Wanderungen, weil sie wissen, daß es jetzt anderswo mehr zu fressen gibt. Auch bei Arbeitselefanten kann man gut beobachten, daß sie ein bestimmtes Ziel bei einer Tätigkeit im Auge haben, z.B. wenn sie einen Holzstapel aufrichten.

Gäbe es brauchbare Maßstäbe für tierische Intelligenz, würden die Elefanten sicher einen der vorderen Plätze belegen. Sie sind aber sicher nicht so klug wie Menschenaffen.

160 m

In einer Höhle des Mount Elgon (Kenia) brechen Elefanten wahrscheinlich schon seit Jahrtausenden mit ihren Stoßzähnen Gestein, das sie zerkauen, um ihren Mineralbebarf zu decken.

Elefanten ernähren sich ausschließlich von Pflanzen. Im Zoo läßt sich leicht beobachten, daß Elefanten große Mengen Heu und Grünfutter, belaubte Zweige und „Kraftfutter", wie z.B. Getreideschrot bekommen. Zu ihrer Tagesration gehören weiter meist einige alte Brote, Rüben, Kohlköpfe, Möhren, Äpfel und anderes.

Was fressen Elefanten?

In freier Wildbahn benötigt ein ausgewachsener Elefantenbulle pro Tag etwa 170 kg frische Pflanzen, eine Kuh begnügt sich mit rund 150 kg. Um eine solche Nahrungsmenge zu bewältigen, müssen Elefanten 17–19 Stunden pro Tag fressen.

Elefanten bevorzugen meist die Vegetation, die sie bis in 2 m Höhe leicht erreichen können. Nur für besondere Lekkerbissen greifen sie bis in 6 m Höhe empor. Man hat den Asiatischen Elefanten – und das dürfte auch für den Waldelefanten zutreffen – als Laubfresser bezeichnet, doch er frißt auch sehr viel Gras. Für den Savannenelefanten ermittelte man in Uganda den Grasanteil mit 88 %. Meist werden beim „Grasen" die ganzen Pflanzen entwurzelt, die Erde an den Wurzeln wird sorgsam am Stoßzahn oder den Beinen abgeklopft. Wurzeln und Knollen werden mit den Füßen oder den Stoßzähnen ausgegraben. Eine deutliche Vorliebe zeigen Elefanten für gärende Früchte. Sie können dadurch richtig betrunken werden.

Vom Äsen in den Baumkronen, bei dem sich die Elefanten notfalls auf die Hinterbeine aufrichten, und vom Herabschütteln von Früchten war bereits die Rede. Natürlich werden dabei oft die Bäume beschädigt. Junge Bullen reißen kleinere Bäume auch häufig wohl einfach aus Schabernack um. Normalerweise kann sich der Baumbestand eines Elefantenreviers aber immer wieder er-

holen. Bei Nahrungsknappheit allerdings entrinden Elefanten Bäume systematisch, um die Rinde oder weiches Holz zu fressen. Dies kann (vor allem in den oft zu kleinen Schutzgebieten) dazu führen, daß der gesamte Baumbestand eines Gebietes vernichtet wird.

Bei der Nahrungssuche reichen Elefanten bis an 6 m hohe Blätter und Früchte heran. Sie bevorzugen jedoch Pflanzen in etwa 2 m Höhe.

Gras, an dessen Wurzeln immer noch etwas Erde haftet, staubige Blätter und hartes Holz führen zu einer beträchtlichen Abnutzung der Zähne und mit nur vier Zähnen könnte ein Elefant nicht sehr lange leben. Sinnvollerweise bekommt ein Elefant sechsmal in

Wie können vier Zähne so große Nahrungsmengen verarbeiten?

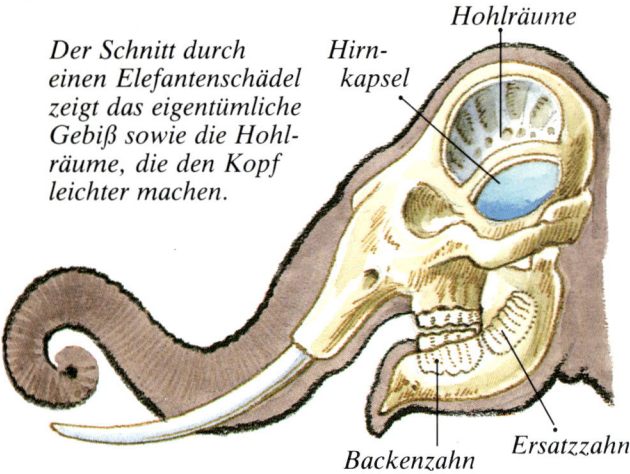

Der Schnitt durch einen Elefantenschädel zeigt das eigentümliche Gebiß sowie die Hohlräume, die den Kopf leichter machen.

Hohlräume

Hirnkapsel

Backenzahn

Ersatzzahn

seinem Leben neue Backenzähne. Die ersten drei Garnituren gelten als Milchzähne, mit dem 20. bis 25. Lebensjahr bekommt ein Elefant seine ersten Erwachsenen-Mahlzähne. Durch das Kauen werden die Backenzähne abgewetzt und an ihrer Vorderseite lösen sich scheibchenweise Lamellen ab. Der ganze Zahn, so immer kleiner werdend, wird von dem von hinten vorrückenden Folgezahn nach vorne geschoben, und schließlich ganz ersetzt. Im Gegensatz zu unserem eigenen Zahnwechsel gibt es bei den Elefanten kein zeitweiliges Fehlen eines Zahnes, das dieser sich auch kaum leisten könnte.

Betagte Elefanten, die ihren letzten 6. Zahnersatz verbraucht haben, bekommen keine neuen Zähne mehr. Sie können schlecht kauen und dadurch ihre Nahrung noch schlechter ausnutzen. Möglicherweise muß ein Elefant eines Tages deswegen sterben.

Abgesehen von den beiden Stoßzähnen

Können Elefanten Holz verdauen?

haben Elefanten im Ober- und Unterkiefer auf jeder Seite jeweils nur einen Zahn. Ganz oder teilweise im Zahnfleisch verborgen liegt dahinter ein noch nicht einsatzbereiter Ersatzzahn. Elefanten zerkleinern ihre umfangreiche, meist harte und zähe Nahrung also

nur mit vier Zähnen. Diese sind allerdings sehr groß und aus harten, durch Zahnzement voneinander getrennten Schmelzplatten zusammengesetzt. Wenn sie aneinander entlanggleiten (seitliche Kaubewegungen gibt es bei Elefanten nicht), müssen sie Holz und andere Pflanzenteile ziemlich fein zerraspeln, damit die Inhaltsstoffe aufgeschlossen werden können. Die überwiegend aus Zellulose bestehenden Zellwände können Elefanten nicht verdauen. Wiederkäuer und Nagetiere haben in ihrem Darm Bakterien, die Zellulose verarbeiten können, Elefanten besitzen diese Bakterien nicht. Der Darm, der ohne Magen etwa 35 m mißt, ist zudem kürzer als beim Rind. So sind Elefanten schlechte Futterverwerter, die etwa die Hälfte dessen, was sie gefressen haben, unverdaut wieder ausscheiden.

Ihr Kot liefert vielen Insekten Nahrung und Lebensraum. Außerdem tragen Elefanten durch ihre schlechte Futterausnutzung zur Ausbreitung vieler Pflanzen bei, weil sie deren Samen unverdaut ausscheiden. Diese können dann auf dem „Dünger" des Elefantenmists sehr schnell auskeimen.

Schlafender Asiatischer Elefant im Zoo. In freier Wildbahn sind Elefanten fast ständig auf Nahrungssuche. Nur selten legen sie eine Schlafpause ein.

Das Elefantenleben im Tages- und Jahresablauf

Während der längsten Zeit des Tages fressen Elefanten, wobei sie meist gemächlich umherwandern. Da die tropischen Tage kürzer sind als unsere mitteleuropäischen Sommertage, müssen auch einige Nachtstunden zum Fressen genutzt werden. Wie beim heimischen Wild wird das Fressen umso mehr in die Nacht verlegt, je häufiger die Tiere gestört werden.

Wie verbringen Elefanten ihren Tag?

Da die Tiere während der Mittagshitze im Schatten oder im Wasser ruhen müssen, um sich nicht zu überhitzen, geht ihnen Zeit zum Fressen verloren. Oft müssen sie auch lange Wege zur Tränke zurücklegen. Während der Trockenzeit sammeln sich um die letzten Wasserstellen oft riesige Huftierherden, so daß es bald in weitem Umkreis für eine Elefantenherde nicht mehr genug zu fressen gibt. Dann müssen die Tiere täglich über große Entfernungen zwischen Weide und Wasser pendeln.

Elefanten können also wirklich keine Langschläfer sein. Erwachsene Tiere legen sich erst nach Mitternacht für 2 bis 4 Stunden nieder, Jungtiere schlafen länger. Elefanten wachen oft auf, um sich zu sichern. Ein Herdenmitglied ist ohnehin immer auf den Beinen und bewacht seine Artgenossen. Mitunter schlafen die Tiere auch im Stehen, wobei sie die schweren Stoßzähne gerne aufstützen.

Während viele Pflanzenfresser der Trockengebiete auf Wasser lange Zeit verzichten können und manche sogar nie wieder trinken, nachdem sie das letzte Mal bei der Mutter gesaugt haben, haben Elefanten einen hohen Wasserbedarf.

Wie lange können Elefanten ohne Wasser auskommen?

Um sich wohlzufühlen, müssen sie mindestens einmal pro Tag trinken. Der tägliche Flüssigkeitsbedarf eines Elefanten liegt bei 70–100 Liter. Sie sind sehr wählerisch bei der Wahl ihres Trinkwassers. Zum Trinken bevorzugen sie klares Wasser z.B. direkt aus den Zuflüssen ihrer Badestellen, zum Baden und Duschen reicht schmutzigeres Wasser, bei Vollbädern wird schlammiges Wasser sogar bevorzugt.

Elefanten zerstören Affenbrotbäume, deren hohen Wassergehalt sie zu schätzen wissen. Sie schälen die Rinde von Stämmen und Ästen und fressen das Holz.

21

Das tägliche Bad in Wasser oder Schlamm spielt im Leben der Elefanten eine große Rolle.

Angeblich riechen Elefanten Wasser auf große Entfernung, was man auch anderen Tieren nachsagt. Vielleicht ist das dadurch zu erklären, daß es sich bei diesem Wasser ja meist nicht um reines, völlig geruchloses Quellwasser handelt, sondern um ein austrocknendes Gewässer, in dem Tiere und Pflanzen absterben beginnen. Dies Wasser kann dann einen selbst für uns wahrnehmbaren Geruch annehmen.

Sind alle erreichbaren Wasserstellen in der Trockenzeit versiegt, beginnen die Elefanten in mühseliger, der hohen Temperaturen wegen oft nächtlicher Arbeit, in den ausgetrockneten Flußbetten nach Wasser zu suchen. Ihr Geruchssinn verrät ihnen, wo es sich zu graben lohnt. Mit Hilfe der Stoßzähne und des Rüssels werden metertiefe Löcher ausgehoben, in denen sich dann langsam das Grundwasser sammelt. Viele andere Steppentiere, die selbst nicht graben können, nutzen die Wasserlöcher der Elefanten, nachdem diese ihren Durst gestillt haben. So helfen Elefanten un-

absichtlich vielen anderen Tieren Dürrezeiten zu überleben.

Auf ein Bad müssen die Elefanten bei solchem Wassermangel natürlich verzichten. Sonst spielt es eine wichtige Rolle in ihrem Leben. Ein tägliches Bad ist offensichtlich für die Pflege der 2–4 cm dicken, aber empfindlichen Haut sehr wichtig. Nach dem Bad wird sie sorgfältig mit Staub eingepudert. Die

Hüter der Arbeitselefanten schrubben ihre Elefanten jeden Tag sehr sorgfältig ab und manche benutzen sogar eine spezielle Creme zur Pflege der Elefantenhaut. Beim Baden sind Elefanten oft sehr ausgelassen. Sie spritzen sich gegenseitig naß oder tauchen, wobei sie den Rüssel als Schnorchel benutzen.

Für einen Elefanten ist es lebensnot-

Können Elefanten auch schwimmen?

wendig, schwimmen zu können. Oft müssen sie auf ihren Wanderungen zu neuen Futterplätzen Flüsse überqueren, und in Gebieten mit ausgeprägten Regenzeiten kommt es oft zu großen Überschwemmungen. Jungtiere werden von ihren Müttern und „Tanten" mit den Rüsseln gestützt. Ganz kleine Elefanten dürfen sich (wie es auch bei Flußpferden vorkommt) auf den Rücken der Mutter legen und werden so huckepack sicher an das andere Ufer gebracht.

Elefanten können erstaunlich lange Strecken schwimmend zurücklegen. Im Karibastausee schwamm eine Elefantenherde einmal wenigstens 30 Stunden hintereinander, wobei sie über 35 km zurücklegte. Ein anderes Mal ließ man in

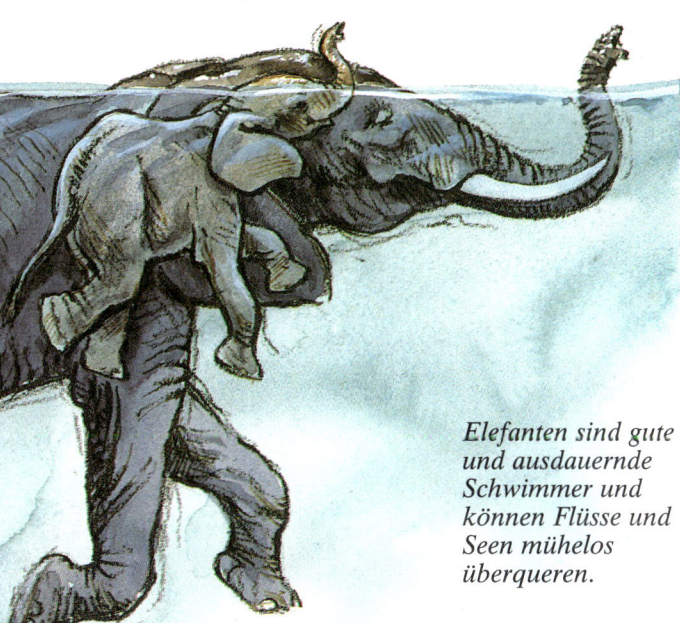

Elefanten sind gute und ausdauernde Schwimmer und können Flüsse und Seen mühelos überqueren.

In Dürrezeiten graben Elefanten mit Stoßzähnen und Rüssel in ausgetrockneten Flußbetten Wasserlöcher, an denen auch andere Tiere trinken.

Indien 79 Elefanten den vielarmigen Unterlauf des Flusses Ganges überqueren. Dabei schwammen die Tiere sechs Stunden hintereinander, ruhten kurz auf einer Sandbank und schwammen dann noch einmal drei Stunden über den nächsten Flußarm.

Elefanten suhlen sich gerne im

Wozu blasen sich Elefanten Staub und Sand über den Rücken?

Schlamm und blasen nach dem Bad Sand und Staub über sich. So entsteht beim Trocknen eine dicke Kruste, die die Tiere mitunter äußerst farbig erscheinen läßt. Die rote Erde der Tropengebiete führt so zu angeblich „roten Elefanten". Ohne Zweifel schützt das Einpudern die empfindliche, fast haarlose Haut vor Schmarotzern und Stechmücken. Vielleicht bringt die Sandkruste aber auch etwas Abkühlung oder verlangsamt die Erhitzung der Tiere in der heißen Sonne.

Elefanten kratzen sich sehr gerne. Sie suchen sich dafür geeignete Bäume oder Felsen und schubbern sich ausgiebig und genußvoll daran. Selbst kratzen

kann ein Elefant sich praktisch nicht, es sei denn mit Hilfe eines Stockes. Beim Kratzen werden alte Hornschichten der Haut abgerubbelt, teilweise scheinen die Tiere es aber auch einfach nur als angenehm zu empfinden.

Elefanten wandern nicht aus einem in-

Warum wandern Elefanten über große Strecken?

stinktiven Wandertrieb heraus, sondern sie folgen nur der Notwendigkeit, täglich große Nahrungsmengen zu beschaffen. Dort, wo es das ganze Jahr über regnet, und die Futterpflanzen schnell nachwachsen, wie im Lebensraum der Waldelefanten, besteht kaum die Notwendigkeit, weit zu wandern. Sie sind also mehr oder weniger ortstreu und durchstreifen auf einem seit eh und je benutzten Wegenetz ihr Revier. Ihre Pfade werden oft von anderen Tieren mitbenutzt, und viele Expeditionen sind auf ihnen in noch unerforschte Urwälder vorgedrungen. In Waldgebieten sind Elefantenpfade eher Tunnel als Wege, da sich das Blätterdach in 2–3 m Höhe wieder schließt. Sie lassen sich teilweise mit Geländewagen befahren und gelegentlich hat man sie beim Eisenbahnbau als Trasse benutzt. Durch ständiges Umherstreifen in ihrem Revier verhindern die Elefanten instinktiv eine Überweidung eines bestimmten Gebietes und nutzen das jahreszeitlich

wechselnde Nahrungsangebot auf diese Weise am besten.

In Gebieten mit Regen- und Trockenzeiten, also in großen Teilen des Wohngebietes der Savannenelefanten, steht die Nahrung aufgrund der wechselnden Niederschläge nicht ganzjährig am selben Ort zur Verfügung. Die hier lebenden Tiere haben oft weit voneinander entfernte Regen- und Trockenzeitreviere. Sie können aber auch weniger regelmäßig in einem sehr großen Revier herumziehen und dabei Hunderte von Kilometern zurücklegen (das Revier einer Herde von Savannenelefanten umfaßt 750–1600 qkm!). Die Leistung pro Tagesmarsch beträgt etwa 15–30 km, bei „Gewaltmärschen" können aber auch bis zu 70 km bewältigt werden.

Wie anpassungsfähig Elefanten sind, zeigen die Savannenelefanten der nördlichen Namibwüste. Durch Wilderei lebt hier nur noch ein sehr kleiner Restbestand von Elefanten. Sie trinken nicht täglich, sondern sollen bis zu 4 Tage dursten können. Wegen der kargen Nahrung in diesem Wüstengebiet müssen diese Elefanten pro Tag im Mittel 24 km pro Tag wandern, um wenigstens halbwegs satt zu werden.

Wie schnell sind Elefanten?

Elefanten können in voller Flucht oder im Angriff eine Geschwindigkeit von 40 km/h erreichen und sind damit noch schneller als ein gut trainierter menschlicher Sprinter, aber langsamer als ein Reitpferd, als Antilopen und die meisten Raubkatzen. Sie können diese Höchstgeschwindigkeit aber nur sehr kurz durchhalten. Normalerweise geht ein Elefant gemächlich mit 4–6 km/h, etwa so schnell wie ein Mensch. Er kann diese Geschwindigkeit aber mühelos auf das Doppelte steigern und sie über Stunden beibehalten. Dann könnte ein Mensch schwerlich mit dem mit langen Schritten gehenden Elefanten mithalten! Elefanten sind wie auch die Kamele Paßgänger, d. h., sie bewegen die Beine einer Körperseite fast gleichzeitig nach vorne oder hinten. Dies führt für Reiter eines Elefanten zu einem zunächst meist als unangenehm empfundenen Schaukeln. Die Mehrheit der Säugetiere sind Kreuzgänger, d. h., sie bewegen die über Kreuz stehenden Gliedmaßen gleichzeitig, z. B. den rechten Vorderlauf und den linken Hinterlauf.

Ein Paar hat sich abgesondert.

Alter Einzelgänger

Jungbulle

Kühe und Kälber bilden oft große Herden.

Die Bullen halten sich meist abseits.

Eine Familiengruppe auf dem Weg zur Herde.

Vom Gemeinschaftsleben der Elefanten

| Wie setzen sich Elefantenherden zusammen? |

Man weiß schon lange, daß Elefanten Herdentiere sind, sich einzelne Bullen aber immer wieder absondern. Doch wie sich die Herden zusammensetzen, war bis in jüngste Zeit unbekannt. Manchmal traf man auf riesige Ansammlungen, die beim Savannenelefanten bis zu 1.000 Köpfe zählen konnten. Dabei hat es sich aber mit Sicherheit nur um kurzzeitige Zusammenschlüsse kleinerer Herden gehandelt.

Heute weiß man, daß es beim Savannenelefanten Herden aus Bullen und Herden aus Kühen und Jungtiere gibt.

Daneben existieren einzelne, meist ältere Bullen. Eine typische Weibchenherde ist eine Familiengruppe von 2 bis 3 Schwestern mit Jungen oder einer alten Kuh mit Töchtern und Enkeln. Meist führt die älteste und erfahrenste Kuh als Leittier die ganze Herde. Wird die Familie zu groß, schließen sich mehrere jüngere Kühe zu einer eigenen Herde zusammen. Junge Bullen verlassen, wenn sie ausgewachsen sind, ihre Familie und schließen sich den Bullenherden an. Ältere, geschlechtsreife Bullen bleiben meist für sich und suchen die Weibchen nur auf, um sich mit ihnen zu paaren. Normalerweise haben alle Elefanten eines Gebietes enge verwandtschaftliche

Beziehungen zueinander und kennen sich gegenseitig genau.

In der Familie finden die Tiere Schutz und Geborgenheit. Elefanten sind sehr soziale Tiere. Sie schützen und stützen verwundete oder kranke Artgenossen bis zu ihrem Tod und teilweise noch darüber hinaus. Sie trauern um tote Familienmitglieder, versuchen sie immer wieder aufzurichten und bedecken sie, wenn sie sie endgültig zurücklassen müssen, mit Zweigen und Gras. Eine gebärende Elefantenkuh hat fast immer die Hilfe mehrerer anderer Kühe, die sich um sie und das neugeborene Kalb kümmern. Sie und die älteren Geschwister wirken auch sehr intensiv bei der Erziehung des Elefantenkindes mit.

Auch mit anderen Tieren leben Elefanten meist in Frieden zusammen. Reiher benutzen die „grauen Riesen" als wandelnde Aussichtsplattformen und fressen durch die Schritte der Elefanten aufgescheuchte Insekten. Madenhakker, kleine Vögel, ziehen Zecken aus ihrer Haut. Auch größere Tiere, wie Zebras oder Gnus, werden von Elefanten toleriert.

Elefanten sind sehr friedliche Tiere. Die Rangordnung in der Familie ist durch Alter und Erfahrung festgelegt. Stirbt die Leitkuh, tritt das im Rang nächsthöhere Weibchen kampflos an ihre Stelle. Es scheint, als ob die Frage der Nachfolge schon lange vorher festgelegt sei. Vermeintliche Streitigkeiten sind meist nur spielerische Scheinkämpfe.

Kämpfen Elefanten manchmal miteinander?

Es gibt aber auch Elefanten, die sich wohl einfach nicht leiden können und die immer wieder miteinander raufen. Meist versuchen sie sich zunächst gegenseitig zu imponieren, schieben sich Kopf an Kopf hin und her und beginnen dann ringkampfähnliche Angriffe mit Rüssel und Stoßzähnen.

Selten kommt es bei Kämpfen zwischen den Bullen zu Todesfällen. Die meisten dürften reine Unfälle sein, wenn z. B. ein Stoßzahn beim Schieben abrutscht und den Gegner schwer verletzt. Es wurde aber auch beobachtet, daß ein afrikanischer Elefantenbulle seinen Gegner of-

Kämpfende Bullen

27

fensichtlich absichtlich im Kampf mit seinen Stoßzähnen durchbohrte und ihm diese auch dann noch in den Kopf stieß, als er schon tot am Boden lag. Was solche ernsten Kämpfe auslöst, ist uns nicht bekannt.

Wie alle Tiere, die in Herden leben, müssen sich Elefanten miteinander gut verständigen können, damit sie durch gemeinschaftliches Handeln einer Gefahr begegnen oder sonst irgendeine zielgerichtete Handlung durchführen können. Viel werden sie aus dem Verhalten und der Körperhaltung ihrer Artgenossen ablesen können. So geben z. B. die Stellung der Ohren und des Rüssels wichtige Aufschlüsse

| **Wie verstän-digen sich Elefanten?** |

über die Stimmung eines Elefanten. Ein Elefant mit hängendem Rüssel und rhythmisch klappenden Ohren ruht. Weit ausgeklappte Ohren und ein erhobener Rüssel zeigen, oft von Trompeten begleitet, Erregung an, die auch als Drohung verstanden wird.

Ebenso drohend ist das Aufschlagen des Rüssels auf den Boden. Es klingt in etwa so, als wenn man pralle Autoreifen auf eine harte Unterlage wirft. Ein schnelles Zurückklappen der Ohren, begleitet von einem deutlichen Klatschen, ruft die Elefantenkinder an die Seite ihrer Mutter zurück. Allgemein ist Ohrenklatschen bei Elefanten ein Ausdruck von Sympathie.

Neben dem schon erwähnten Trompeten und Pfeifen mit Hilfe des Rüssels geben Elefanten ein kollerndes Schnurren von sich, das in etwa an einen leise

Ein zärtliches Elefantenpaar mit verschlungenen Rüsseln.

Ohr- und Rüsselbewegungen verraten die Stimmung des Elefanten.

Von der Mitte nach links: zunehmende Ängstlichkeit (Rüssel eingerollt, Ohren angelegt); nach rechts: sich steigernde Aggressivität (Rüssel vorgestreckt, Ohren aufgestellt).

laufenden Dieselmotor erinnert. Dieses Geräusch wurde lange Zeit als „Magenknurren" mißdeutet, wird aber in der Kehle erzeugt und dient sicher der Verständigung. Die meisten der so erzeugten Töne sind so tief, daß wir Menschen sie nicht hören können. Mit diesem Kollern halten die Herdenmitglieder ständigen Kontakt untereinander. Verstummt es, so ist das ein Alarmzeichen und die Elefanten schließen sich enger zusammen. In Gebieten, in denen sie sich schlecht sehen können (z. B. Dschungel, hohes Gras, Dunkelheit), sind diese Töne sehr praktisch, da sie weit zu hören sind.

Wie gefährlich sind Elefanten?

Großwildjäger malen gerne aus, welchen Gefahren sie durch Elefanten ausgesetzt waren. Meist geht es dabei um Tiere, die sie selbst verwundet haben. Ganz offensichtlich erfassen Elefanten sehr genau den Zusammenhang zwischen dem Schmerz und dem Menschen, der auf sie geschossen hat. Dann greifen sie an, und das ist dem Tier ja wohl auch kaum übelzunehmen. Meist übertreiben Jäger aber die Gefahren, denn sie wollen ja als Helden dastehen. Ohne diese Übertreibungen wäre es auch recht langweilig nachzulesen, wie sie ein Tier nach dem anderen niederschossen.

Elefanten gehen dem Menschen am liebsten aus dem Weg. Wie eigentlich immer, gibt es von dieser Regel Ausnahmen. In den Schutzgebieten sind sie an Menschen gewöhnt und zeigen sich in der Nähe der Touristenunterkünfte. Manche haben keine Hemmungen, regelmäßig Dörfer zu besuchen. Meist kommt es dann aber doch zu Schwierigkeiten, z. B. wenn die Tiere in die Pflanzungen eindringen, um die leckeren Bananen zu fressen oder wenn ihnen Menschen mit Film- und Fotoapparaten zu nahe kommen.

Wie bei vielen Tieren sind Mütter mit Jungen besonders reizbar, da sie hinter allem und jedem eine Gefahr für ihr Kind

Elefanten in einem Touristencamp. Nur wenn Menschen ihnen zu nahe kommen oder sie ärgern, können sie gefährlich werden.

vermuten. Auch von Wilderern ange-
schossene oder durch Schlingen ver-
letzte Elefanten werden durch die
Schmerzen bösartig. Sie greifen dann
scheinbar grundlos auch unbeteiligte
Personen an. Werden diese Tiere dann
von Parkwächtern getötet, stellt sich
fast immer heraus, daß sie vor Schmerzen halb wahnsinnig gewesen sein müssen und so keineswegs grundlos ange-
griffen haben.

Zu Konflikten zwischen Mensch und
Elefant kommt es oft bei der Konkurrenz
um Lebensraum. Die Bevölkerung in
den Ländern, in denen noch Elefanten
leben, nimmt immer mehr zu, Straßen-
bau und Landwirtschaft zerschneiden
die Reviere der Tiere. Elefanten zerstören dann oft Zäune, um in Pflanzungen
einzudringen und fressen die gesamte
Ernte. Sie scheinen auch Spaß daran zu
haben, Telefonmasten umzulegen. Dies
kann man aber nicht als Bösartigkeit
bezeichnen, obwohl Menschen, die sie
an ihrem Tun hindern wollen, mitunter
von ihnen getötet werden.

In Zoo und Zirkus kommt es manchmal
zu gefährlichen oder tödlichen Angriffen
von Elefanten, die bis dahin als harmlos
und friedlich galten. Oft bot sich hier er-
schrockenen Tieren keine Möglichkeit
wegzulaufen, als „zweitbeste Lösung"
griffen sie an. Man darf auch nicht vergessen, daß Elefanten wie Menschen
Individuen mit einem sehr unterschiedlichen Charakter sind. Jähzornige Tiere
können einfach die Kontrolle über sich
verlieren, wenn sie etwas ärgert. Mit ihrer Kraft und Masse richten sie dann oft
schweres Unheil an, wo es bei kleineren
Tieren mit Kratzern und kleinen Schäden abginge. Auf das Äußerste gereizte
Elefanten können Menschen durch
wuchtige Rüsselschläge verletzen, sie
mit ihren Stoßzähnen durchbohren, sie
in die Luft schleudern und auch zer-
trampeln.

Tödliche Zwischenfälle ereignen sich

*In der regelmäßig auftretenden Musth hat der Bulle
einen Ausfluß aus den Schläfendrüsen und zeigt ein
verändertes, meist aggressives Verhalten.*

meist mit Bullen, die aus diesem Grunde
in Zoos und Zirkussen selten gehalten
werden. Besonders die Bullen des Asiatischen Elefanten werden in einer als
„Musth" bezeichneten Periode ausge-
sprochen bösartig und unberechenbar.
Als äußeres Anzeichen der im Leben
des Bullen immer wieder einmal auftretenden Musth sondert die zwischen Auge und Ohr gelegene Schläfendrüse eine dunkle, ölige Substanz ab. Arbeitselefanten werden beim ersten Anzeichen der Musth meist an Ort und Stelle
gefesselt und solange nicht zur Arbeit
verwendet, bis dieser Zustand abge-
klungen ist. Trotzdem kommt es immer
wieder zu tödlichen Unfällen. In schwä-
cherer Form tritt die Musth auch beim
Afrikanischen Bullen und sogar bei Kühen auf. Sie ist offensichtlich nicht die
Begleiterscheinung einer zeitlich begrenzten Brunftzeit, denn Elefantenbullen sind stets fortpflanzungsfähig. Nach
neueren Untersuchungen ist es in freier
Wildbahn allerdings anscheinend nur einem Musthbullen (vielleicht aufgrund
seiner erhöhten Aggressivität) möglich,
von den erwachsenen Weibchen nicht
vertrieben zu werden, wenn er sich ihnen zur Paarung nähert.

Von der Geburt bis zum Tod

Elefanten wachsen langsam heran. Erst mit 10 Jahren kann eine Elefantenkuh ihr erstes Junges bekommen. Die Tragzeit beträgt 20–22 Monate, also fast 2 Jahre. Solange die Mutter sich noch intensiv um ihr Kind kümmert und es noch säugt, paart sie sich nicht erneut. So liegen zwischen zwei Geburten mindestens 4 Jahre. Elefantenkühe bleiben etwa bis zum 45. Lebensjahr fortpflanzungsfähig. So läßt sich leicht berechnen, daß eine Kuh in ihrem Leben maximal 8–10 Junge bekommen kann. In freier Wildbahn erreicht höchstens die Hälfte von ihnen das fortpflanzungsfähige Alter.

Kommt es z. B. aufgrund von lang andauernder Trockenheit oder durch Überbevölkerung eines Gebietes für die Elefanten zu Nahrungsmangel, so werden die Tiere später geschlechtsreif und die Abstände zwischen den Geburten werden länger. Damit passen sich Tiere dem verminderten Nahrungsangebot ihres Lebensraumes an.

Neugeborene Elefanten haben etwa eine Schulterhöhe von 1 m und wiegen rund 100 kg. Sie sind damit nicht kleiner als manches ausgewachsene Pony, wirken aber neben ihrer riesigen Mutter winzig. Elefantenbabys sind viel stärker behaart als die Erwachsenen. Zum Saugen an den Zitzen

Wieviele Junge können Elefanten haben?

Wie saugt ein Elefantenbaby?

Elefantenbabys suchen die Zitzen ihrer Mütter mit dem Rüssel, trinken aber wie alle anderen Säugetierbabys mit ihrem Mund.

der Mutter, die sich im Gegensatz zu fast allen anderen Säugern zwischen den Vorderbeinen befinden, benutzen sie ihren Mund, nicht den kleinen Rüssel. Er wäre anfangs zum Trinken auch gar nicht geeignet, da kleine Elefanten erst lernen müssen, ihren Rüssel in seiner ganzen Vielseitigkeit zu gebrauchen. Ein im Vergleich zur Kuhmilch fünfmal so hoher Fettgehalt der Elefantenmilch trägt zu ihrem schnellen Wachstum bei. Das Jungtier trinkt davon jeden Tag rund 10 Liter.

Elefantenkinder sind sehr neugierig und verspielt. Sie toben gerne gemeinsam umher und neigen dazu, irgendwelchen anderen Tieren

Wie wächst ein Elefantenkind auf?

nachzulaufen. Dabei können sie leicht die schützende Herde verlassen. Nach dem Bad bleiben sie gerne im Wasser zurück, wenn es weitergehen soll. Ihre Beaufsichtigung ist für ihre Mutter oft eine große Belastung. Daher ist es gut, daß sich eigentlich alle Elefanten der Herde für alle Jungtiere verantwortlich

fühlen, besonders aber die sogenannten „Tanten", Weibchen, die oft schon der Mutter bei der Geburt geholfen haben, und die älteren Geschwister des Elefantenkindes. Bei Gefahr nimmt die Herde die Jungtiere sofort in die Mitte und verteidigt sie gemeinsam.

Da man ganz allgemein sagen kann, daß große Tiere länger leben als kleine, ist es verständlich, daß man den Elefanten als dem größten lebenden

Wie alt werden Elefanten?

Landtier früher ein sehr hohes Alter zuschrieb. Ältere Autoren berichten von „höchstens 200 Jahren", „300 Jahren" und von „vereinzelt 500 Jahren".
Diese Annahmen erweisen sich als völlig überhöht. Asiatische Elefanten werden in freier Wildbahn vermutlich fast nie älter als 40 Jahre, bei Afrikanischen dürfte das ähnlich sein. Im Zoo können Elefanten ein Alter von mehr als 70 Jahren erreichen, möglicherweise deswegen, weil sie hier, wenn ihre Zähne schlecht werden, eben weiches Futter und Kraftnahrung erhalten.

Sümpfe bieten den Elefanten abwechslungsreiche, weiche Nahrung und Trinkwasser, kein Raubtier kann ihnen hierher folgen.

Früher wurde immer wieder erzählt, daß

Was hat es mit den Elefantenfriedhöfen auf sich?

an manchen Stellen enorme Mengen von Elefantenskeletten und Stoßzähnen gefunden wurden. Man folgerte daraus, daß ein Elefant, der sich dem Tode nahe fühlt, eine bestimmte Stelle zum Sterben aufsuchen würde, einen sogenannten „Elefantenfriedhof".

Sicher ist, daß Elefanten dem Tod eines Herdenmitglieds nicht gleichgültig gegenüberstehen. Wenn sie alle Hoffnung aufgeben müssen, daß das tote Tier mit ihnen weiterzieht, bedecken sie den Leichnam meist mit Ästen, Laub und Gras. Auch Kadaver anderer Tiere oder tote Menschen werden von ihnen „beerdigt". Stoßen sie später auf ein Elefantenskelett, so reagieren sie sehr erregt. Eine besondere Anziehungskraft üben die Stoßzähne aus, die sie aus den Schädeln herausziehen, ebenso wie andere Knochen lange mit sich herumtragen, um sie dann letztlich meist an einem Felsen zu zerschmettern.

Es mag große Ansammlungen von Elefantenskeletten gegeben haben, aber ihre Entstehung war wohl anders, als es oben geschildert wird. Es gibt mehrere Erklärungsmöglichkeiten: Elefantenfriedhöfe können eine Erfindung von Elefantenjägern gewesen sein, die damit vertuschen wollten, daß sie unberechtigt ganze Herden zusammengeschossen hatten (und das Elfenbein nun als rein zufällig gefunden ausgeben konnten). Landbesitzer können, um die Elefanten loszuwerden, Wasserstellen vergiften und damit ganze Herden umbringen.

Am wahrscheinlichsten ist aber folgende Deutung: Alte Elefanten besitzen (wie oben erwähnt) nur noch „Zahnruinen". In ihrer letzten Lebenszeit müssen sie, um nicht zu verhungern, an den eng begrenzten Stellen bleiben, an denen es weiche Sumpf- und Wasserpflanzen gibt. In diesen Sümpfen sterben sie dann auch oft, z. B. weil es ihnen nicht mehr gelingt, über steilere Hänge herauszusteigen. Im Laufe der Zeit können sich so an einer Stelle tatsächlich viele Skelette ansammeln.

Beim Spiel vergessen Elefantenkinder ihre Umwelt.
Ihre Mütter passen auf.

Elefanten in menschlicher Obhut

Wahrscheinlich gab es in Asien schon

**Sind Arbeits-
elefanten
Haustiere?**

vor mehr als 5000 Jahren Arbeitsele-fanten. Sie werden wie Haustiere ge-halten. Da jeder Elefant einen Ma-hout als Pfleger und Führer hat, der zeitlebens nur für diesen einen Elefanten verantwortlich ist, haben Elefanten sogar ein viel engeres Verhältnis zum Menschen als die meisten anderen Nutztiere. Aber echte Haustiere sind Elefanten nicht geworden, denn sie werden im allgemeinen nicht gezüchtet und haben sich daher gegenüber der Wildform nicht verändert.

Zur Beschaffung von neuen Arbeitsele-fanten werden fast immer wilde Tiere gefangen. Dies ist einfach billiger, als Elefanten zu züchten. Die Kühe fallen während eines Teils ihrer langen Tragzeit für die Arbeit aus. Während sie dann ihre Kälber betreuen und durch die Produktion von Milch körperlich stark beansprucht werden, müssen sie natürlich auch geschont werden. Dazu kommt, daß die Jungtiere erst nach etwa 7 Jahren zur Arbeit benutzt werden können, zu den schwersten Tätigkeiten angeblich erst mit 20 Jahren. Deshalb werden die Jungen der Arbeitselefanten meist schnell an Tierhändler verkauft.

Elefanten lassen sich in gut getarnten

**Wie fängt man
Elefanten?**

Fallgruben fangen, aus denen man sie, inzwischen gefesselt, durch langsames Auffüllen mit Erde wieder herausbekommt. Man muß sich dabei allerdings beeilen, da ihre Herdengenossen diese Methode auch beherrschen und ihre gefangenen Artgenossen selbst befreien können. Man hat

Elefanten auch in Schlingen gefangen oder mit Opiumködern betäubt. Alle diese Methoden wurden in Asien entwickelt, da man in Afrika traditionell keine Arbeitselefanten kennt. Bei Umsiedlungsaktionen und für Forschungszwecke benutzt man heute das Betäubungsgewehr.

Früher hatte in Indien der Massenfang von ganzen Elefantenherden eine besondere Bedeutung. Für diese sogenannten Kheddas brauchen die Fänger eine große Erfahrung. Heute geht diese Kunstfertigkeit langsam verloren, da es aufgrund der geschrumpften Elefantenbestände keine Kheddas mehr gibt. Die letzte wurde Anfang der 80er Jahre durchgeführt.

Für eine Khedda benötigt man schon in

**Was versteht
man unter einer
Khedda?**

der Vorbereitung einige hundert, manchmal auch mehrere tausend Arbeitskräfte. Im Prinzip läuft sie so ab: Treiber bilden 5 bis 10 km lange Ketten und kreisen damit eine Elefantenherde ein, die sie schreiend und mit Trommeln, Klappern, Knallfröschen, mit Rauch am Tag und Feuer in der Nacht am Ausbrechen hindern.

Im Verlauf von Tagen oder Wochen werden die Elefanten zum Fangkral (der Khedda) getrieben, der aus 4 bis 10 m hohen, durch starke Taue und Querbalken verbundenen Stämmen besteht. Trichterförmig auf den Eingang zulaufende lange Pfahlreihen verhindern ein Ausbrechen der in Panik versetzten Tiere, bis schließlich das schwere Falltor hinter ihnen zufällt. Bei einer besonders großen Khedda wurden rund 20000 Baumstämme und 20000 Bambusrohre benötigt und größtenteils von Arbeitselefanten gefällt, transportiert und aufgebaut.

Eine Khedda neigt sich ihrem Ende zu. Seit altersher werden Asiatische Elefanten gefangen, in Fangkrals zusammengetrieben, gezähmt und als Arbeitstiere abgerichtet.

Seit 5000 Jahren wird der Asiatische Elefant gezähmt. Seine hohe Intelligenz, seine Kraft und sein sehr gutes Gedächtnis machen ihn zu einem hervorragenden Arbeitstier.

Zunächst läßt man die gefangenen Tiere toben. Wenn sie gegen die Wände anrennen, werden sie mit Lärm, Fackeln und spitzen Stöcken zurückgetrieben. Sind ihre Kräfte erschöpft, begeben sich die Fänger auf Arbeitselefanten in die Khedda. Im geeigneten Augenblick werfen sie den Elefanten Seile über. Unter Mithilfe der Arbeitselefanten werden sie dann in den Wald geführt und einzeln an Bäume gebunden. Nach zwei Tagen Hunger und Durst bringt man sie zum Wasser und füttert sie. Unter beruhigendem Zuspruch und traditionellen Gesängen verlieren die Tiere langsam ihre Scheu, und ihre Ausbildung kann beginnen.

Dabei lernen die wilden Elefanten unter dem Kommando ihres zukünftigen Mahouts und von Arbeitselefanten geschoben und gezogen, nach und nach alles, was man von ihnen erwartet. In etwa drei Monaten sind sie dann genauso fügsam wie die Artgenossen, die an ihrem Fang und Training mitwirkten.

Die Fangzahlen waren oft sehr hoch. So wurden in Sri Lanka beispielsweise während einer einzigen Khedda mehr als 400 Elefanten gefangen. Es soll allerdings nicht verschwiegen werden, daß bis zu Beginn des 20. Jahrhunderts rund zwei Drittel der Elefanten den Fang und das brutale Gefügigmachen nicht überlebten. Heute werden keine Kheddas mehr durchgeführt, sie wären aufgrund des geschrumpften Elefantenbestandes auch wenig sinnvoll.

Ihre Hauptbedeutung haben Arbeitsele-

Wozu werden Arbeitselefanten verwendet?

fanten in der Forst- und Holzwirtschaft ihrer Heimatländer. Wo einzelne Bäume gefällt werden sollen, lassen sich technische Geräte schlecht einsetzen. Auch arbeiten Elefanten viel waldschonender als Traktoren, ein Grund, weswegen auch in unseren heimischen Wäldern wieder mehr Pferde statt Maschinen eingesetzt werden. Elefanten können dabei natürlich

weit größere Kräfte einsetzen, außerdem Stämme heben, tragen und ordentlich stapeln, LKWs und Eisenbahnwaggons beladen. Die schwerste Arbeit

bleibt meist den Bullen überlassen. Als es noch an modernen Verkehrsmitteln fehlte, wurden Elefanten auch als Zug- und Tragtiere verwendet. Man

Bei Festumzügen in Südasien sind prachtvoll geschmückte Elefanten oft der Mittelpunkt.

konnte mit ihnen täglich mehr als 60 km zurücklegen. Hervorragend bewährten sie sich bei der Tigerjagd. Heute tragen sie Touristen durch die Naturschutzgebiete zur Pirsch mit der Kamera.

Da Elefanten in mehreren Religionen Asiens auch als Gottheiten verehrt werden, hat es immer Tempelelefanten gegeben, die, prachtvoll geschmückt, bei festlichen Umzügen durch die Straßen geführt wurden, ansonsten aber ein stumpfsinniges Leben hinter Tempelmauern führen mußten.

Bleibt den Arbeitselefanten genug Zeit zum Fressen?

Der für das Essen notwendige recht hohe Zeitaufwand schränkt die Einsatzmöglichkeit der Arbeitselefanten ein. Zwar benötigen sie dafür, wenn man ihnen besonders energiereiches, gutes Futter gibt, nicht solange wie ihre freilebenden Artgenossen, aber immer noch viele Stunden. Zudem müssen Elefanten während der heißen Stunden des Tages eine lange Mittagpause machen, damit sie sich nicht überhitzen. Und schließlich gehört ein langes tägliches Bad unbedingt zu ihrem Wohlbefinden. Auf all diese Bedürfnisse muß der Mensch Rücksicht nehmen.

Werden auch Afrikanische Elefanten zur Arbeit verwendet?

Es gibt in ganz Afrika keine Tradition in der Haltung von Arbeitselefanten. Obwohl Afrikanische Elefanten schon früh in Kriegen verwendet worden waren, müssen diese Kenntnisse verlorengegangen sein, so daß man zu guter Letzt glaubte, sie seien unzähmbar. Das stimmte nicht, wie der belgische König Leopold II. bewies. Gegen Ende des vorigen Jahrhunderts ließ er im damaligen Belgisch-Kongo, dem heutigen Zaire, durch indische Mahouts Afrikanische Elefanten und deren Betreuer ausbilden. Dabei zeigte es sich, daß sie sich genau wie ihre Asiatischen Artgenossen abrichten und verwenden lassen. Nur der zu dieser Zeit schon weit vorgedrungene technische Fortschritt verhinderte den Einsatz von Arbeitselefanten in Afrika.

Man kennt in Afrika keine Götter in Elefantengestalt, und somit keine heiligen Tempelelefanten. Auch der Brauch der indischen Fürsten, durch den Besitz möglichst vieler Elefanten Macht und Reichtum zu demonstrieren, war bei den afrikanischen Herrschern unbekannt. Somit fielen auch diese Gründe für die Zähmung wilder Elefanten aus.

Jeder Arbeitselefant hat einen Mahout, der ihn bei der Arbeit lenkt und in den Pausen pflegt und füttert.

Diese alte Zeichnung zeigt speziell ausgebildete Reitelefanten, die den Jägern die Möglichkeit boten, ohne große Gefahr Tiger zu schießen.

Sowohl Asiatische als auch Afrikanische Elefanten sind in vielen Kriegen des Altertums als Kriegselefanten eingesetzt worden. Für Menschen, die noch nicht einmal das Bild eines Elefanten gesehen haben, muß der erste Anblick dieses riesigen Tieres erschreckend gewesen sein. Wahrscheinlich war der Schreck später noch größer, nachdem Berichte von früheren Kämpfen – sicher nicht ohne Übertreibungen – von Mund zu Mund gegangen waren. Die Krieger Alexanders des Großen trafen im Jahr 331 v. Chr. im Kampf gegen den persischen Großkönig erstmals auf ein bescheidenes Aufgebot Asiatischer Elefanten. Fünf Jahre später stand das gleiche Heer der Streitmacht eines nordindischen Fürsten gegenüber, in dessen Linien 200 Elefanten standen.

Wann hat man Kampfelefanten eingesetzt?

Auch Afrikanische Elefanten wurden zu Kriegsdiensten herangezogen wurden. Ihr Einsatz ist vor allem von den Karthagern bekannt, die sie damals noch in Nordafrika fangen konnten (wo sie heute längst ausgestorben sind). Berühmt wurde der von Elefanten begleitete Kriegszug Hannibals über die Alpen. Das Heer war im Jahr 218 v. Chr. in Spanien aufgebrochen und mußte zunächst die Pyrenäen überqueren. Die Alpen erreichte man erst im Herbst. Pässe und Hänge waren bereits vereist, und Schneestürme töteten viele Menschen und Tiere. Von 37 Elefanten waren nur noch acht übrig, als das Heer schließlich Oberitalien erreichte.

Auch in den folgenden Jahrhunderten wurden immer wieder Elefanten bei Kriegen eingesetzt. Zunehmend beschränkten sich ihre Aufgaben aber auf das Ziehen von Kanonen und andere Transportleistungen.

An die Verwendung von Kampfelefanten erinnert heute noch das Schachspiel: Die Bauern stellen das Fußvolk dar, die Springer die Reiterei, die Läufer die Streitwagen und die Türme die Elefanten. Die Dame war ursprünglich der dem König zur Seite stehende Feldherr.

Zunächst waren Elefanten sicher eine gefürchtete Waffe, der man nur unter hohen Verlusten zu begegnen wußte. Wie Panzer im modernen Krieg sollten sie die Linien des Feindes durchbrechen, Befestigungsanlagen zertrümmern und aus dem Weg räumen. Sie konnten schnell durch unwegsames Gelände vorrücken, lebende Brücken über Gewässer bilden und rasche Angriffe durchführen. Die Gegner beschossen die Elefanten mit Pfeilen und

Haben sich Kriegselefanten bewährt?

Lanzen. Spätestens die schmerzhaften Verletzungen führten dazu, daß die eigentlich friedlichen Tiere in den Kampf eingriffen. Mit ihren Rüsseln teilten sie tödliche Schläge aus, ergriffene Soldaten warfen sie zu Boden. Die Stoßzähne konnten Menschen durchbohren und alles, was ihnen in den Weg kam, wurde niedergetrampelt. Als großer Nachteil erwies sich die Tatsache, daß die in Panik versetzten Tiere zwischen Freund und Feind nicht mehr unterschieden, und so die Verluste unter den eigenen Leuten kaum geringer waren als unter den Gegnern.

Schnell lernten die Gegner Abwehrmethoden gegen Elefanten. Mutige Einzelkämpfer durchschnitten ihnen die Sehnen der Füße. Man versetzte sie durch

Feuer in solche Panik, daß sie die eigenen Linien angriffen. Zusammengekettete Pfähle mit eisernen Spitzen schützten die Befestigungsanlagen. Die Verteidiger einer Festung fertigten Nagelbretter an, die die Füße der Elefanten so verletzten, daß sie nicht zum Tor vordringen konnten. Der römische Feldherr Cäsar ließ seine Soldaten extra in der Bekämpfung von Elefanten ausbilden.

Während die Abwehr so immer besser wurde, erwies sich – technisch ausgedrückt – die neue Waffe als nicht entwicklungsfähig. Die armen Tiere brauchten nicht mehr in den Krieg zu ziehen.

Der Einsatz von Kriegselefanten, die oft in Triumphzügen als Beutegut mitgeführt wurden, machte die Tiere schon früh bei der Bevölkerung der Mittelmeerländer bekannt. Im Alten Rom wurden sie, wie viele andere Tiere auch, in den Arenen abgeschlachtet, sei es, daß man sie mit Raubtieren oder Nashörnern konfrontierte, sei es, daß Gladiatoren gegen sie kämpfen mußten.

So könnte es ausgesehen haben, als die Truppen Alexanders des Großen 326 v. Chr. auf die Kriegselefanten des indischen Königs Poros stießen.

Einst war der Anblick eines Elefanten eine Sensation. Schausteller zogen mit ihm durch die Lande und kündigten ihre Vorführung mit Flugblättern an.

Auch in Mitteleuropa haben Kenntnis und Haltung von Elefanten eine längere Tradition als die vieler anderer Zootiere. Der erste Elefant erreichte

Seit wann kennt man in Mitteleuropa Elefanten?

Deutschland schon vor 1000 Jahren! Man schrieb das Jahr 801 n. Chr., als der Kaiser Karl dem Großen zur Krönung geschenkte Asiatische Elefant „Abbul Abbas" mit 1 1/2 Jahren Verspätung in Aachen eintraf. Er hatte außer einer langen Seereise einen beachtlichen Fußmarsch überstanden, der ihn vom Golf von Genua über Südfrankreich und die Schweiz ans Ziel brachte.

Offenbar verstand man damals schon etwas von Elefantenhaltung. So war es sicher sinnvoll, daß man „Abbul Abbas" als Arbeitselefant beschäftigte, da Elefanten viel Bewegung und Abwechslung brauchen. Aber er zerriß allzu oft das Geschirr, so daß man ihm eine Weile die Rolle eines buntgeschmückten Prunkelefanten zuwies. Dann wurde er fünf Jahre lang durch das Kaiserreich geschickt, damit ihn jedermann sehen konnte. Im Jahre 810 bekam er eine Lungenentzündung und starb.

Später wurden Elefanten zunächst in wandernden Menagerien gezeigt. Sie reisten selbst im Winter bis nach Skandinavien, wobei man die Elefanten in Rentierfelle kleidete, damit sie sich nicht erkälteten.

Auch heute verzichtet kaum ein Zoo auf

Wie steht es heute mit der Elefantenhaltung im Zoo?

die Haltung von Elefanten, da sie einen besonderen Anziehungspunkt für das Publikum bilden. Meist werden Asiatische Elefanten gezeigt, da es leichter ist, einen Arbeitselefanten auf einem Markt für den Zoo zu kaufen als mühsam einen wilden Afrikanischen Elefanten zu fangen. Die Haltung von Waldelefanten ist sehr selten.

Da die Elefantenbullen für sehr gefähr-

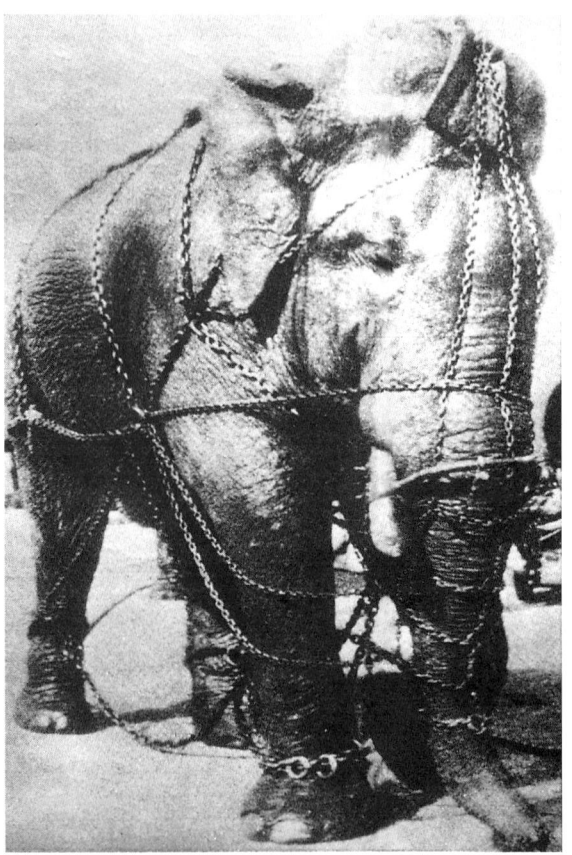

Man glaubte, einen Elefantenbullen auf diese Weise halten zu müssen, ehe ein erfahrener Dompteur bewies, daß es auch ohne Fesseln geht.

lich gehalten werden und es zu bestimmten Zeiten auch sind, werden sie nur an wenigen Orten gehalten. Daher ist die Zucht von Elefanten im Zoo sehr selten. Manchmal schickt man eine Kuh auf „Hochzeitsreise" in eine andere Stadt, in der ein friedlicher Bulle gehalten wird. Vielleicht bringt in Zukunft die Möglichkeit einer künstlichen Besamung eine Verstärkung der Zucht.

Ein ganz großes Problem für die Elefanten im Zoo ist die Langeweile. Man kann sie nicht so füttern, daß ihr ganzer Tag wie in Freiheit mit Fressen ausgefüllt ist. Sie können nicht umherstreifen und oft ist auch die Herdengröße zu klein, als daß sie normale soziale Kontakte pflegen könnten. Zur Vermeidung von Streitereien werden sie

Fühlen sich Zooelefanten als Gefangene?

meist während der Nacht und während unseres Winters angekettet, worunter die hochintelligenten Tiere leiden.

Gute Zoos versuchen diese Mißstände auf vielerlei Arten zu bekämpfen. Viele zeigen Elefantendressuren, die die Besucher meist sehr erfreuen. Sie sind aber gar nicht in erster Linie für die Menschen gedacht, sondern für die Elefanten, für die das tägliche Training und die Vorführungen willkommene Abwechslungen im Einerlei des Tages sind. Gleichzeitig erziehen sie die Tiere auch zur Anerkennung der Autorität ihres Pflegers. Würden die Elefanten sie nicht respektieren, könnte man ihnen kaum die Füße pflegen, sie medizinisch behandeln oder sie abends anketten.

Aus demselben Grund lassen viele Zoos Elefanten Bäume fällen, Gelände planieren, Lasten ziehen oder setzen sie als Reittiere für Kinder ein. Mitunter ist sogar das Füttern durch Besucher erlaubt,

obwohl das durch die Unvernunft der Menschen oft Probleme mit sich bringt. Es bedeutet für die Elefanten aber viel Abwechslung und Spannung.

Elefanten im Zoo sind als Stellvertreter ihrer freilebenden Artgenossen eine Art Botschafter. Sie sollen Verständnis und Sympathie für sie wecken und ihnen dadurch bei ihrem Kampf um das Überleben helfen. Dies ist eine wichtige Aufgabe aller Zootiere. Natürlich ist die Gefangenschaft für sie nicht optimal. Aber auch in freier Wildbahn können sie nicht tun und lassen, was sie wollen. Ihr tägliches Herumziehen ist eher Arbeit als Spaziergang und auch in der Herdengemeinschaft herrscht Disziplin. In gut geführten Zoos stehen den Nachteilen des Lebens in Gefangenschaft auch Vorteile wie die Befreiung von Hunger, Durst und Parasiten sowie die medizinische Betreuung gegenüber.

Wie dressiert man Elefanten?

Elefanten müssen auch in Freiheit vieles lernen, was anderen Tieren angeboren ist. Das macht sie anpassungsfähig. Bei der Ausbildung von Arbeitselefanten entstand der Eindruck, daß sie Artgenossen gerne etwas beibringen.

Die wichtigste Grundlage der Dressur ist, daß man einzelne Körperteile oder das ganze Tier mit gutem Zureden, aber auch mit dem Elefantenhaken oder gar mit Flaschenzügen in die gewünschte Stellung bringt oder die Ausführung bestimmter Bewegungen erzwingt. Begreift das Tier, was von ihm erwartet wird, belohnt man es mit Worten und kleinen Leckerbissen. Dompteure berichten immer wieder, daß Elefanten so etwas wie Befriedigung über einen Erfolg in der Manege zeigen.

Elefanten lernen es, auf einem Bein zu stehen oder einen Handstand zu machen. Sie heben ihren Dompteur hoch oder legen sich vorsichtig auf ihn.

Ausbeutung und Verfolgung der Elefanten

Woher kommt der Name Elfenbein?

Schon seit altersher mußten Abertausende von Elefanten nur wegen des Elfenbeins ihr Leben lassen. Elfenbein hat nichts mit Elfen zu tun, zarten Märchengestalten, zu denen keineswegs die schweren Stoßzähne passen. Der Name kommt von „Elefantenbein" und wurde zu Elfenbein verkürzt. Mit „Bein" bezeichnete man früher ganz allgemein Knochen, und so nennt man die knochenähnliche Grundsubstanz der Zähne noch heute Zahnbein.

Der Name Elfenbein ist auch auf Zähne anderer Tiere, die vom Menschen als Rohstoff benutzt werden, übertragen worden, besonders auf die der Narwale, Flußpferde und Walrosse. Früher stellte man künstliche Zähne und Gebisse gerne aus den Zähnen von Flußpferden her, da dies „Elfenbein" im Gegensatz zum echten nicht vergilbt. Als „gegrabenes Elfenbein" bezeichnete man Mammutzähne, die oft so gut erhalten sind, daß sie genau wie anderes Elfenbein verarbeitet werden können. In früherer Zeit glaubte man, diese Zähne stammten von einer Art Supermaulwurf.

Warum ist Elfenbein so begehrt?

Man kann Elfenbein sägen, bohren, raspeln, drehen, feilen, schnitzen, ja sogar erweichen und pressen oder biegen. Es ist sehr elastisch und hat je nach der Nahrung des Elefanten eine leicht unterschiedliche Färbung. Heute ist es durch moderne Kunststoffe so genau zu ersetzen, daß es oft selbst Fachleuten schwer fällt, „Orginal" und „Fälschung" auseinanderzuhalten. In einer alten Statistik kann man lesen, daß

um 1880 in Europa im Jahresdurchschnitt die ungeheuerliche Menge von 535000 kg Elfenbein verarbeitet wurden. Davon entfielen 40 % auf Messergriffe, 26 % auf Kämme, 21 % ergaben

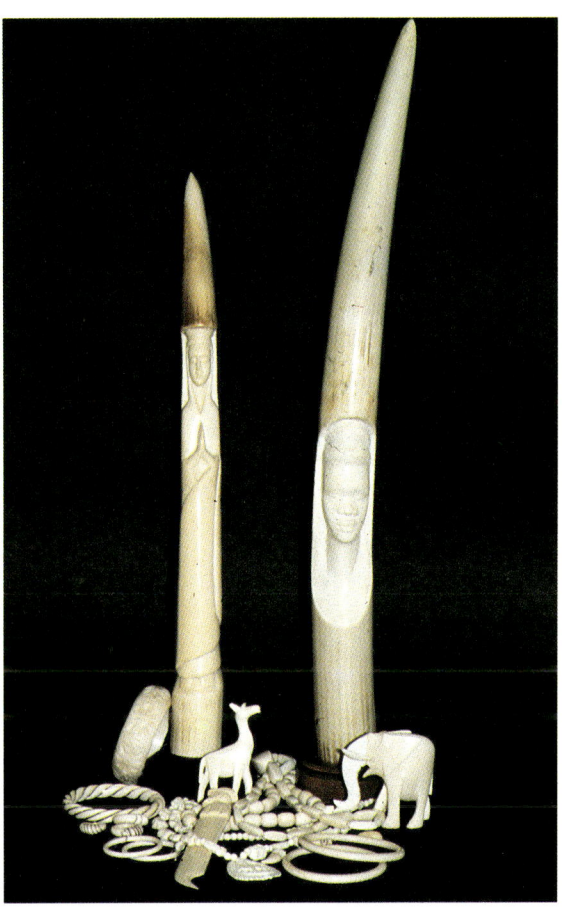

Obwohl es in fast allen Ländern verboten ist, wird noch immer viel Elfenbein verarbeitet. Meist stammt es von gewilderten Elefanten.

Klaviertasten und knapp 8 % Billardkugeln. Ferner stellte man Spazierstock- und Schirmgriffe, sowie Fächer aus Elfenbein her. Mit den Abfällen wurden Apotheken beliefert, die es als Pulver gegen allerlei Leiden verkauften. Solche Pulver wurden auch zu Farben für Künstler verarbeitet.

Elfenbein ist leider auch heute noch begehrt, auch wenn seine Verwendung durch billigere Ersatzstoffe stark einge-

Arabische Händler trieben an der ostafrikanischen Küste jahrhundertelang einen schwunghaften Handel mit Sklaven und Elfenbein, den beiden einzig wichtigen „Waren", die Afrika damals ausführen konnte.

schränkt ist. Aufgrund der zunehmenden Ausrottung der Elefanten wurde der Handel mit Elfenbein unter strenge staatliche Kontrolle gestellt. Schon lange durfte das Elfenbein Asiatischer Elefanten überhaupt nicht mehr gehandelt werden, das der Afrikanischen Elefanten nur mit Papieren, die bewiesen, daß das Tier im Rahmen der zuweilen notwendigen Abschüsse in Schutzgebieten von Wildhütern erlegt wurde. Heute ist es für jedermann verboten, Elfenbein einzuführen. Es darf auch nicht als Souvenir von einer Reise mitgebracht werden. Um einen Beitrag zur Erhaltung der afrikanischen Tierwelt zu leisten, haben die Bundesrepublik und andere europäische Staaten, denen noch weitere folgen werden, ein generelles Verbot der Einfuhr von Elfenbein erlassen.

Elefanten in Not

Wie steht es heute um die Elefanten?

Heute stellen in Afrika berufsmäßige Wildererbanden mit Maschinengewehren und modernster Ausrüstung den Elefanten nach. Man rechnet damit, daß jährlich 50000 bis 150000 Tiere illegal getötet werden und zwar ausschließlich wegen ihres Elfenbeins. Asiatische Elefanten werden geschossen und vergiftet, weil sie Schäden auf den Feldern anrichten. Ihre Zahl ist auf unter 50000 Tiere gesunken und nimmt schnell weiter ab. Die Fortpflanzungsrate der Elefanten ist nicht auf eine so hohe Sterblichkeit eingerichtet. Selbst wenn man sie völlig in Ruhe lassen würde, würde sich ihr Bestand erst sehr allmählich wieder erholen.

Am schlimmsten für die Elefanten ist jedoch die Einengung und Zerstörung ihres Lebensraumes. Mehr und mehr hat sich die wachsende Bevölkerung bis an und in die letzten Rückzugsgebiete der Elefanten ausgebreitet. Dieser Verlust

verbietet ihn in vielen Fällen ganz. Am besten aber wäre es, wenn einfach niemand mehr Elfenbein kaufen würde.

Zahlreiche von Elefanten bewohnte Länder haben große Landflächen für die Tierwelt reserviert und viel für ihren Schutz getan. In der Mehrzahl handelt es sich um arme Staaten, die auf Hilfe von außen angewiesen sind, wie sie etwa vom World Wildlife Fund (WWF) und der Zoologischen Gesellschaft Frankfurt von 1858 gewährt wird. Sicher werden in vielen dieser Schutzgebiete noch lange Elefanten leben. In anderen gibt es aber heute schon ernste Probleme.

Bieten die Nationalparks den Elefanten genügend Sicherheit?

Die Zahl der Wildhüter ist zu klein, sie können nur schlecht bezahlt werden und besitzen keine gute Ausrüstung. So sind sie den hervorragend bewaffneten, oft mit Hubschraubern und Amphibienfahrzeugen ausgestatteten Wilderern von vornherein unterlegen. Viele Wildhüter sind im Kampf um die ihnen anvertrauten Tiere von Wilderern ermordet worden.

an Lebensraum ist in Asien schon viel weiter fortgeschritten als in Afrika. Daher gilt der Asiatische Elefant trotz geringerer direkter Verfolgung als stärker bedroht. Aber auch in Afrika hat sich die Situation in den letzten Jahren sehr verschlechtert. Während der zahlreichen kriegerischen Auseinandersetzungen werden die Schutzgebiete nicht mehr respektiert. Die Soldaten versorgen sich jagend mit Fleisch und viele Menschen besitzen Waffen, die zu verbotener Jagd reizen. So verlor Uganda während des heute noch andauernden Bürgerkrieges 18000 seiner ursprünglich 20000 Elefanten und alle Nashörner!

Elfenbein wird immer seltener, dadurch steigt sein Preis und der Anreiz zur Wilderei wird immer größer. Gleichzeitig konzentrieren sich die Wildererbanden auf immer weniger Elefantenherden. Vielleicht bringt das seit 1976 auch in der Bundesrepublik geltende Washingtoner Artenschutzübereinkommen (WA), ein internationales Übereinkommen zum Schutz zahlreicher Tier- und Pflanzenarten, für die Elefanten eine Hoffnung. Es stellt den Handel mit ihnen unter eine strenge staatliche Kontrolle und

Dieser Elefant wurde von Wilderern erlegt. Nicht nur das Elfenbein, auch der kleiner werdende Lebensraum führen zum Abschuß der Elefanten.

47

Auf der Ausblickterrasse einer Lodge beobachten Touristen Elefanten an der Tränke.

Andererseits kann es in den Schutzgebieten zu einem Elefantenüberschuß kommen. Früher wäre das unwichtig gewesen, weil sich die Tiere dann eben über ein größeres Gebiet verteilt hätten. Heute geht das nicht mehr. Die Nationalparks sind von bebautem Land, oft auch von Zäunen umgeben. In Dürrezeiten finden die Elefanten in dem für sie zu kleinen Gebiet zuwenig Nahrung, wegwandern können sie nicht, und so fressen sie alle verfügbare Nahrung. Dazu gehört auch Rinde und weiches Holz von Bäumen, die oft Jahrzehnte brauchen, um wieder heranzuwachsen. Um zu verhindern, daß die Elefanten ihren Lebensraum selbst zerstören, müssen die Nationalparkbehörden dann Herden abschießen, um wenigstens eine kleine Anzahl erhalten zu können. Aus diesen Abschüssen stammt das einzige Elfenbein, das heute noch gehandelt werden darf. Die Nationalparkbehörden verwenden das erlöste Geld für die Erhaltung der Tierwelt ihres Gebiets.

Die Nationalparks sind eine große Attraktion für Touristen aus aller Welt. Diese Menschen bezahlen ihren Urlaub in den meist armen afrikanischen und asiatischen Staaten mit Devisen, also ausländischem Geld, das dringend benötigt wird, um Waren und Dienstleistungen auf dem Weltmarkt einzukaufen. So sind die Elefanten und viele andere Tiere mittlerweile wichtig für die Wirtschaft ihrer Heimatländer geworden. Auf die Dauer ist es aber am wichtigsten, die Bewohner dieser Länder selbst für die Schönheit der Schutzgebiete und ihrer Bewohner zu begeistern, damit sie verstehen, warum sie die Schutzgebiete nicht als Ackerland nutzen dürfen und welch unersetzlicher Schatz ihrer Obhut anvertraut ist.

WAS IST WAS · BAND 49 · Leichtathletik

WAS IST WAS · BAND 50 · Unser Körper Von der Zelle bis zum Menschen

WAS IST WAS · BAND 51 · Muscheln und Schnecken

WAS IST WAS · BAND 52 · Briefmarken

WAS IST WAS · BAND 53 · Das Auto

WAS IST WAS · BAND 59 · Katzen

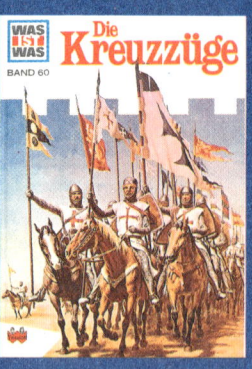

WAS IST WAS · BAND 60 · Die Kreuzzüge

WAS IST WAS · BAND 61 · Pyramiden

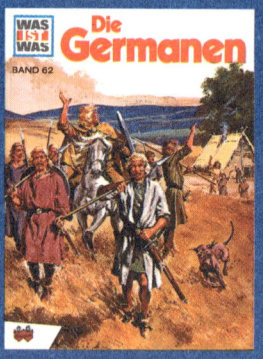

WAS IST WAS · BAND 62 · Die Germanen

WAS IST WAS · BAND 63 · Foto, Film, Fernsehen

WAS IST WAS · BAND 69 · Fossilien Zeugen der Urwelt

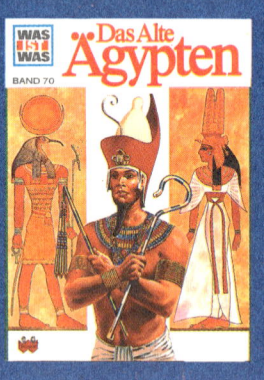

WAS IST WAS · BAND 70 · Das Alte Ägypten

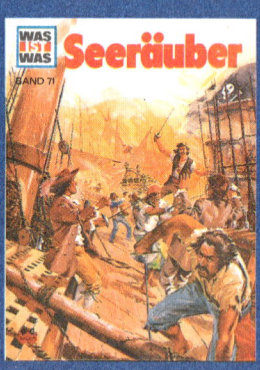

WAS IST WAS · BAND 71 · Seeräuber

WAS IST WAS · BAND 72 · Heimtiere

WAS IST WAS · BAND 73 · Spinnen

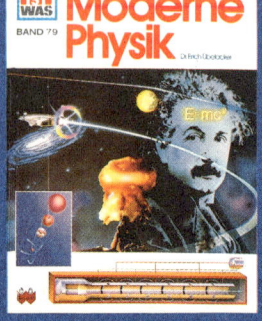

WAS IST WAS · BAND 79 · Moderne Physik

WAS IST WAS · BAND 80 · Tiere wie sie sehen, hören und fühlen

WAS IST WAS · BAND 81 · Die Sieben Weltwunder

WAS IST WAS · BAND 82 · Gladiatoren

Die Reihe wird fortgesetzt.